Le Débarquement

Vérités et légendes

DU MÊME AUTEUR

Infographie de la Seconde Guerre mondiale, sous la direction de Jean Lopez et en collaboration avec Vincent Bernard et Nicolas Guillerat, Paris, Perrin, 2018.

La Course au Rhin (25 juillet-15 décembre 1944). Pourquoi la guerre ne s'est pas finie à Noël, Paris, Economica, 2018.

Les Routes de la liberté. La logistique américaine en France et en Allemagne 1944-1945, Paris, Histoire & Collections, 2014.

Nicolas Aubin

Le Débarquement

Vérités et légendes

Collection dirigée
par Emmanuel Hecht

PERRIN

92, avenue de France
75013 Paris
Tél. : 01 44 16 08 00

ISBN : 978-2-262-10168-8
Dépôt légal : mai 2024

Mise en pages : PCA

À mon père Jean-Marie,
et à sa bibliothèque, berceau de ma passion
pour la Normandie 44.

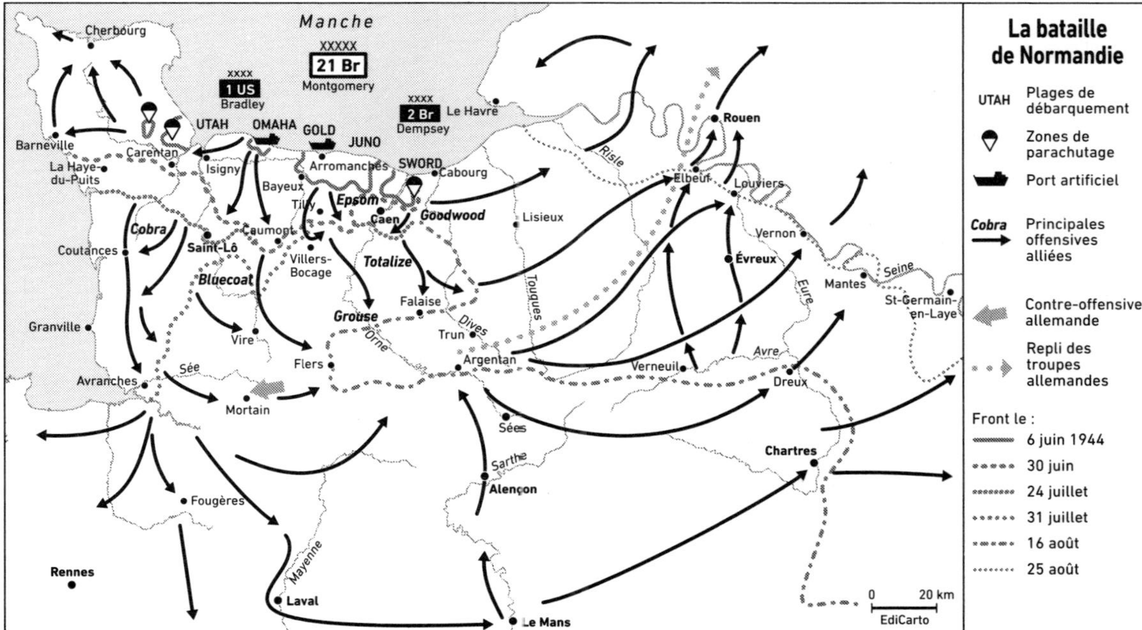
La bataille de Normandie
UTAH Plages de débarquement
Zones de parachutage
Port artificiel
Cobra Principales offensives alliées
Contre-offensive allemande
Repli des troupes allemandes
Front le :
6 juin 1944
30 juin
24 juillet
31 juillet
16 août
25 août
Manche
XXXXX
21 Br
Montgomery
XXXX
1 US
Bradley
XXXX
2 Br
Dempsey
UTAH
OMAHA
GOLD
JUNO
SWORD
Cherbourg
Barneville
Carentan
La Haye-du-Puits
Isigny
Bayeux
Arromanches
Le Havre
Cabourg
Tilly
Epsom
Caen
Goodwood
Cobra
Saint-Lô
Caumont
Villers-Bocage
Coutances
Bluecoat
Totalize
Grouse
Falaise
Lisieux
Granville
Vire
Flers
Orne
Trun
Dives
Touques
Argentan
Avranches
Sée
Mortain
Sées
Sarthe
Alençon
Fougères
Mayenne
Laval
Rennes
Le Mans
Risle
Rouen
Elbeuf
Louviers
Vernon
Évreux
Eure
Mantes
Seine
St-Germain-en-Laye
Avre
Verneuil
Dreux
Chartres
0 20 km
EdiCarto

Les acteurs

Côté Alliés

Omar N. Bradley : Général américain commandant la 1re armée US puis le 12e groupe d'armées à partir du 1er août.

Harry D. Crerar : Général canadien en charge de toutes les forces expéditionnaires canadiennes et commandant de la 1re armée canadienne à partir de son activation le 23 juillet.

Miles C. Dempsey : Général britannique commandant la 2e armée britannique.

Dwight D. Eisenhower : Général américain commandant suprême des forces expéditionnaires alliées en Europe (SHAEF).

Courtney H. Hodges : Général américain, adjoint de Bradley avant de le remplacer à la tête de la 1re armée US le 1er août.

Bernard L. Montgomery : Général britannique en charge des opérations terrestres et commandant du 21e groupe d'armées.

George S. Patton : Général américain commandant la 3e armée US à partir de son activation le 1er août.

Côté Allemands

Johannes Blaskowitz : Général allemand commandant le groupe d'armées G en charge de la moitié sud de la France, de la Loire à la frontière italienne.

Friedrich Dollmann : Général allemand commandant la 7e armée jusqu'à sa mort le 28 juin.

Heinrich Eberbach : Général allemand promu à la tête du groupe blindé Ouest le 15 août (rebaptisé 5e armée de panzers).

Paul Hausser : Général allemand commandant du 2e corps de panzers SS, puis de la 7e armée le 28 juin.

Günther von Kluge : Maréchal allemand, remplace Rundstedt à la tête de l'*Ob. West* le 2 juillet, poste qu'il cumule avec le commandement du groupe d'armées B après la blessure de Rommel. Limogé le 17 août.

Walter Model : Maréchal allemand qui remplace Kluge à l'*Ob. West* et au groupe d'armées B le 17 août.

Erwin Rommel : Maréchal allemand à la tête du groupe d'armées B en charge du front de la frontière belge à la Bretagne et inspecteur du mur de l'Atlantique. Blessé le 17 juillet par l'aviation alliée.

Gerd von Rundstedt : Maréchal allemand commandant de l'*Ob. West,* limogé le 2 juillet.

Leo Geyr von Schweppenburg : Général allemand commandant le groupe blindé Ouest jusqu'à son limogeage le 2 juillet.

Glossaire

Abwehr : Service de renseignement de la Wehrmacht.

« Bodyguard » : Ensemble des opérations d'intoxication destinées à faciliter le Débarquement.

CCS : *Combined Chief of Staff*, état-major combiné anglo-américain.

COSSAC : *Chief of Staff to the Supreme Commander*, état-major en charge des études préliminaires du débarquement en Normandie.

DUKW : Camion amphibie, sur la base d'un GMC 6X6, capable de norias avec deux tonnes de charge (21 247 produits).

« Fortitude » : Plan d'intoxication cherchant à convaincre les Allemands d'un débarquement en Norvège (« Fortitude North ») et dans le pas de Calais (« Fortitude South »).

LCA *(Landing Craft Assault)* : Barge d'assaut pour l'infanterie britannique en contreplaqué, à fond plat et dotée d'une rampe basculante à l'avant ; 646 serviront en Normandie.

LCVP *(Landing Craft, Vehicle, Personnel)* : Barge d'assaut pour l'infanterie américaine inventée par l'ingénieur Andrew Higgins. Plus de 23 000 seront construites, dont 1 089 participeront au Débarquement.

LST *(Landing Ship Tank)* : Gros navire océanique capable de s'échouer sur une plage pour y vomir une vingtaine de chars ou 2 000 tonnes de charge ; 229 servirent en Normandie sur les 451 en service.

Luftwaffe : Armée de l'air allemande.

Mulberry : Port artificiel préfabriqué, tracté par tronçons et assemblé devant une plage.

« Neptune » : Phase initiale d'« Overlord » comprenant le débarquement et l'établissement de têtes de pont en Normandie.

Ob. West : État-major des forces allemandes à l'Ouest.

OKW *(Oberkommando der Wehrmacht)* : État-major particulier de Hitler sous l'autorité du maréchal Wilhelm Keitel, instrument docile de la volonté du Führer.

« Overlord » : Ensemble des opérations alliées ayant pour but la libération de l'Europe du Nord-Ouest, réduites souvent au Débarquement et à la bataille de Normandie.

« Pointblank » : Offensive aérienne stratégique contre l'Allemagne (1943-1944) destinée à saper son industrie et à s'assurer la maîtrise du ciel.

SHAEF *(Supreme Headquarters Allied Expeditionary Forces)* : État-major suprême interallié en charge de la libération de l'Europe du Nord-Ouest.

« Transportation Plan » : Campagne de bombardement des infrastructures de transport en France et en Belgique (ponts, viaducs, gares, dépôts ferroviaires) destinée à paralyser l'armée allemande.

Westheer : Ensemble des forces terrestres allemandes déployées en Europe occidentale.

Chronologie

Mai 1940 : Les Britanniques utilisent en Norvège leurs premiers LCA[1].

Mai 1941 : Les Américains adoptent leur propre chaland léger (LCVP).

9 février 1942 : Création du *Combined Chief of Staff*, indispensable pour coordonner la libération de l'Europe.

Avril 1942 : Premières discussions sur les plans d'entrée en Europe. Un accord est trouvé pour rassembler en Angleterre un million de soldats US (opération « Bolero ») pour un débarquement dès 1943.

Juin 1942 : Pose de la quille du premier LST et essai du DUKW.

Juillet 1942 : Les Britanniques persuadent les Américains de basculer l'effort en Méditerranée.

---

1. Voir le glossaire en début d'ouvrage, comme pour toutes les abréviations figurent dans cet ouvrage.

14 août 1942 : La 79e division blindée britannique est créée pour développer et mettre en œuvre des chars du génie spécialisés, notamment pour des assauts amphibies.

19 août 1942 : Opération « Jubilee ». Fiasco d'un débarquement à Dieppe.

Janvier 1943 : La conférence de Casablanca ordonne de réaliser les conditions préalables à un débarquement : maîtrise de l'Atlantique, affaiblissement du potentiel industriel allemand par des bombardements, maîtrise de l'air au-dessus de l'Europe. Le débarquement est repoussé au printemps 1944.

13 avril 1943 : Création du COSSAC, pour planifier le débarquement. Choix de la Normandie au détriment du pas de Calais, et suggestion d'appuyer le Débarquement par un assaut secondaire en Provence. Les ports artificiels sont évoqués.

Mai 1943 : Conférence « Trident » qui fixe le Jour J à mai 1944.

14 juin 1943 : Directive « Pointblank » qui planifie une campagne de bombardements stratégiques anglo-américains sur des usines aéronautiques destinée à affaiblir la Luftwaffe.

Août 1943 : Conférence « Quadrant », Roosevelt et Churchill approuvent les plans du COSSAC.

Septembre 1943 : Ouverture des chantiers des ports artificiels.

Octobre 1943 : Montée en puissance de « Bolero ». Le 1er juin 1944 camperont au Royaume-Uni 1 750 000 soldats britanniques, 1 500 000 GI, 750 000 soldats de l'Empire et 44 000 volontaires de toutes nationalités.

28 novembre 1943 : Conférence de Téhéran. Les Occidentaux s'engagent auprès de Staline à débarquer en mai 1944 avec un débarquement simultané dans le sud de la France (opération « Anvil »).

6 décembre 1943 : Création du SHAEF.

24 décembre 1943 : La campagne d'intoxication « Bodyguard » est entérinée.

3 janvier 1944 : Élargissement de l'opération de trois à cinq plages.

20-25 février 1944 : L'USAAF profite de ses nouveaux chasseurs d'escorte pour s'en prendre directement aux appareils ennemis. La *Big Week* casse les reins de la Luftwaffe.

15 mars 1944 : Le plan définitif est adopté. Le SHAEF s'installe à Kingston upon Thames, où un immense parc de baraquements accueille plus de 2 700 personnes.

21 mars 1944 : La pénurie de barges contraint Eisenhower à reporter « Overlord » d'un mois et à désynchroniser « Anvil ».

Avril-mai 1944 : Mise en œuvre du « Transportation Plan ».

17 mai 1944 : Eisenhower fixe le Jour J au 5 juin, date qui concilie une pleine lune avec une aube qui coïncide à la mi-marée montante.

4 juin 1944 : Eisenhower ajourne l'opération à cause de la météo, alors que des convois ont déjà pris la mer.

5 juin, 4 h 15 : Feu vert pour le 6 juin !

5 juin, 20 heures : Messages de la BBC ordonnant à tous les réseaux de passer à l'action.

6 juin, Jour J

0 h 20 : Prise des ponts de Bénouville et Ranville par les aéroportés britanniques.

0 h 45-2 heures : Largage des parachutistes. En mer, les troupes d'assaut commencent à descendre à bord des barges.

5 h 50 : Bombardement préliminaire par la flotte et par 1 365 quadrimoteurs.

6 h 30 : La première vague aborde Utah et Omaha.

7 h 30 : Assauts par les troupes anglo-canadiennes à Gold, Juno et Sword.

12 heures : Les commandos débarqués sur Sword prennent contact avec les parachutistes britanniques.

14 heures : À Omaha, les GI entament leur progression vers l'intérieur.

16 heures : La 21e Panzer contre-attaque sans succès en direction des plages.

19 heures : Jonction entre les troupes débarquées à Utah et les parachutistes américains. Les forces alliées s'élèvent déjà à 157 000 hommes, dont 22 000 parachutistes, et à 20 000 véhicules, dont

900 chars. En face, il n'y a pas 50 000 Allemands et juste 100 chars.

7-13 juin : Phase I, l'élargissement de la tête de pont

7-13 juin : Combats généralisés. Les Alliés étendent leur tête de pont, et les Allemands colmatent et s'épuisent dans des contre-attaques locales.

12 juin : Libération de Carentan, la tête de pont est unifiée.

13 juin : Bataille de Villers-Bocage, fin des opérations mobiles.

14 juin-25 juillet : Phase II, l'usure

18 juin : La péninsule du Cotentin est coupée en deux par les Américains. Cherbourg est isolée.

19-21 juin 1944 : Grande tempête, destruction du port artificiel de Vierville-sur-Mer.

26 juin : Libération de Cherbourg.

26 juin-1er juillet : Opération « Epsom » pour le contrôle de la vallée de l'Odon et de la cote 112 dans l'espoir d'isoler Caen. L'avance est contrée et les deux camps s'épuisent sans profit.

7-9 juillet : Opération « Charnwood », libération des quartiers nord de Caen.

3-18 juillet : Bataille des Haies, libération de Saint-Lô le 18.

18-20 juillet : Dempsey monte « Goodwood » pour divertir les Allemands de façon à faciliter « Cobra », mais il finit par croire que cette charge de 1 200 chars, précédée d'un tapis de bombes par 1 000 quadrimoteurs, est capable de lui offrir toute la plaine entre Caen et Falaise, voire de déchirer le front. Fiasco de l'opération.

25 juillet-31 août : Phase III, exploitation alliée et débâcle allemande

25 juillet : Opération américaine « Cobra » et percée au sud de Saint-Lô. Le premier pétrolier accoste au terminal de Cherbourg.

30 juillet-7 août : Opération « Bluecoat » au centre du front. Dempsey échoue à accompagner la percée américaine, mais distrait les Allemands.

31 juillet : Prise d'Avranches.

4 août : Libération de Rennes.

7-13 août : Opération « Lüttich », fiasco de la contre-offensive allemande de Mortain en direction d'Avranches pour isoler l'armée Patton et reconstruire un front en Normandie.

8 août : Libération du Mans. Décision de rabattre Patton sur Sées (mâchoire sud) pour encercler la 7e armée allemande (poche de Falaise).

8-10 août : Opération « Totalize ». Le 2e corps canadien – mâchoire nord – pousse en direction de Falaise, mais s'essouffle rapidement.

11-15 août : La 2e armée britannique s'éternise dans le bocage (opération « Grouse »), alors qu'elle devait fermer la poche.

12 août : Patton libère Sées. Bradley le stoppe et hypothèque la clôture de la poche de Falaise.

13 août : Bradley réoriente Patton vers l'est.

14-17 août : Opération « Tractable », seconde offensive canadienne pour fermer la mâchoire nord. Libération de Falaise le 17, mais il demeure une brèche entre les deux mâchoires.

15 août : Débarquement allié en Provence.

16 août : Hitler ordonne la retraite.

20 août : Les Américains traversent la Seine à Mantes.

19-21 août : Fermeture de la poche de Falaise.

25 août : Libération de Paris.

31 août : Le dernier Allemand traverse la Seine.

Introduction

« La houle en Manche s'était renforcée depuis midi et devenait de plus en plus violente en cet après-midi du lundi 5 juin 1944. Le ciel était plombé. Les bourrasques ballottaient les branches, le sable des plages voletait. Les bunkers du poste du major Pluskat suintaient l'humidité. Le maréchal Rommel avait pu abandonner sereinement son quartier général de La Roche-Guyon pour aller fêter l'anniversaire de sa femme en Allemagne. Les Alliés ne débarqueraient pas maintenant… »

Cette histoire vous la connaissez, elle a bercé votre enfance, entretenue par les multiples diffusions du *Jour le plus long*. Peut-être avez-vous sillonné ces « plages du Débarquement », médité dans le sanctuaire apaisant du cimetière américain de Colleville plein de reconnaissance pour ces jeunes adultes qui ont sacrifié leur vie pour notre liberté, commenté la présence incongrue de ce mannequin pendant au flanc de l'église de Sainte-Mère-Église. Il est même possible que l'ouvrage que vous tenez entre les mains ait été acquis à l'occasion d'un « pèlerinage » en terre normande. Ce ne serait pas surprenant.

Car le champ de bataille normand ne s'anime pas qu'aux commémorations rituelles, il n'est pas seulement le point de rendez-vous de vétérans nostalgiques ou le pensum d'écoliers à qui a été imposée une sortie scolaire, il attire tous les ans plus de quatre millions de touristes payants… en attendant davantage encore quand le site aura été classé au patrimoine mondial de l'Unesco, ce qui se fait attendre depuis 2014.

Le lieu de mémoire devient un objet commercial, les musées tapissent la région, on envisage des spectacles immersifs. Si on y ajoute le cinéma et la littérature, il est impossible d'ignorer le 6 juin 1944. Le Débarquement et la bataille de Normandie nourrissent notre mémoire collective, qui, en ces temps troublés, nous commande autant qu'elle nous rassure.

Mais la mémoire n'est pas l'Histoire. Pour citer l'historien Pierre Nora, elle résulte de « la création d'une vision commune d'un passé fantasmé (un imaginaire) entretenu par un lien affectif propre à une communauté ». Cette mémoire se croit vérité. Elle s'incarne dans des figures tutélaires (Patton, Eisenhower), des repoussoirs (Montgomery, Hitler), des lieux patrimoniaux (la pointe du Hoc), des moments (le 6 juin), des objets (le jerrican), une langue (le jargon technique, en particulier allemand, car si personne ne conteste la francisation des termes anglo-saxons comme *Armored Division*, malheur à celui qui fait de même avec la *Panzerdivision*).

Mais cette mémoire commune est une lecture subjective du passé. Elle a besoin d'héroïsme et de romantisme. Elle a besoin d'événements spectaculaires et de retournements de situation. Elle a besoin de légendes. Il ne s'agit pas ici de pures inventions, mais davantage d'entorses aux faits, autant de petits arrangements, concoctés dans l'espoir d'idéaliser, de couvrir, de réhabiliter, d'édifier, voire simplement d'offrir une matière plus séduisante pour fixer la mémoire collective[1]. La bataille de Normandie en regorge, nées pendant les combats ou colportées après coup. Certaines sont anecdotiques. Peu importe que le major Pluskat n'ait pas été présent le Jour J, ce qui compte c'est le regard halluciné de l'acteur qui joue son rôle, Hans Christian Blech, dans le film *Le Jour le plus long*, saisissante illustration de l'angoisse et de la stupéfaction de nombre de grenadiers à la vue de l'armada alliée ce jour-là. D'autres, plus perverses, définissent nos représentations. Ainsi, occultations et idéalisations délibérées ont fini par nous convaincre de la supériorité tactique de l'armée allemande. Elle n'aurait plié que sous le poids de la supériorité matérielle alliée et des interventions désastreuses de Hitler. Ces clichés

1. Jean-Pierre Bayard, *Histoire des légendes*, Paris, PUF, 1970, p. 22-28.

ont été d'autant mieux acceptés que la littérature d'après-guerre fut riche en témoignages avec tous leurs biais (tri, oublis, réflexe corporatiste, vision parcellaire) repris ensuite sans recul critique.

À cela s'ajoute l'instrumentalisation partisane de l'événement. Ainsi, depuis 1979, des politiques tels Jacques Chirac ou Gerhard Schröder ont tissé à tort une filiation entre l'opération « Overlord » et la construction européenne. Sur ces plages aurait été « fondée l'Europe qui nous occupe maintenant » et « l'idée européenne, les progrès qui l'incarnent [...] en réalité nés ici même[2] ». Pur fantasme, reconstruction anachronique, les Anglo-Américains en débarquant entendaient battre le Reich, non pas construire une Europe unie. Jean Monnet ne patientait pas dans le fourgon du commandant suprême allié, Dwight Eisenhower. Par conséquent, l'historien Olivier Wieviorka s'inquiète : « Alors que la connaissance historique a dans une large mesure informé le souvenir de la Shoah [...], la mémoire du D-Day semble dériver, s'éloignant toujours plus au loin des réalités passées[3]. »

Je suis plus optimiste. La légende porte son propre antidote. *Le Jour le plus long* n'est pas un

---

2. Déclaration du secrétaire d'État aux Anciens Combattants et aux Victimes de guerre en 1979, lors d'une commémoration sur les plages suivie d'un extrait du discours de Jacques Chirac le 6 juin 2004.

3. *In* Jean-Luc Leleu (dir.), *Le Débarquement. De l'événement à l'épopée*, Rennes, PUR, 2018, p. 9.

livre d'histoire, avec ses dialogues réécrits et sa mise en scène romancée, mais c'est un livre qui fait aimer l'Histoire. Lui et d'autres, mais aussi le cinéma et les commémorations, ont enfanté ensemble des milliers de passionnés, dont certains sont devenus de solides historiens. L'ouvrage entre vos mains n'a pas la prétention d'être inédit, il doit tout (ou presque) à ces chercheurs qui sans relâche interviewent, dépouillent, arpentent le champ de bataille en traquant les idées reçues. Grâce à eux, l'Histoire émerge de la gangue de fiction. Reste à la faire connaître au-delà du cercle des passionnés. Et quel meilleur lieu pour cela que cette collection « Vérités et légendes » ?

1

A-t-on tout dit sur le Débarquement ?

Plus d'un millier d'ouvrages ont été consacrés au Débarquement et à la bataille de Normandie en français. Encore davantage en anglais. Les commémorations sont l'occasion d'un tsunami de publications et de reportages. Dès lors, tout n'aurait-il pas été écrit sur le Débarquement ?

Cette masse documentaire peut être scindée en plusieurs familles. Il est facile d'isoler l'essentiel de la production qui se contente de vulgariser, non sans talent. Il reste alors les textes fondateurs des années d'après-guerre finalement peu nombreux, l'abondante littérature technique et de micro-histoire, abondamment illustrée, très prisée des passionnés. Enfin, depuis trente ans, émergent des ouvrages de recherche historique qui dépoussièrent la bataille.

Commençons par les textes pionniers que l'on peut ranger au sein de quatre courants historiographiques.

Le premier à dégainer est le Service historique de l'armée américaine. Ayant rassemblé une masse considérable de documentation, il publie dès 1945 des comptes rendus d'opérations avant de se lancer dans une monumentale histoire de la Seconde Guerre mondiale en 60 volumes, les *Green Books*. Plusieurs abordent la bataille de Normandie. Le propos y est aseptisé, focalisé sur la grammaire tactique et stratégique en ignorant l'humain, mais quasi exhaustif quant aux opérations et rédigé par des historiens consciencieux. Bien sûr, ce sont des ouvrages institutionnels avec tous les biais afférents. Britanniques et Canadiens font de même avec moins de moyens et une réussite inégale. Même si leur diffusion est demeurée confidentielle, ces textes demeurent la matière première des récits grand public.

Un deuxième courant est né du louable souci de disposer d'informations provenant de l'autre côté de la colline. Le Service historique américain a dès 1944 interrogé des milliers d'officiers allemands capturés. Mais il peine à comprendre les arcanes de la Wehrmacht, il lui faut un guide. Franz Halder est le candidat idéal, il a été l'adjoint du chef de l'État-Major général de 1938 à 1942 et est fréquentable car emprisonné par Hitler après l'attentat raté de juillet 1944. Ni une ni deux, il prend la tête d'une commission d'officiers chargée de synthétiser 2 500 témoignages. L'homme saisit immédiatement l'opportunité : il tient l'occasion de sauver sa caste ; la sauver de la justice en convainquant les vainqueurs qu'elle a été victime et non complice du régime nazi ; la sauver du déshonneur en rejetant la responsabilité de la défaite et des atrocités commises sur Hitler ; la sauver de l'oubli en persuadant les Américains que les vétérans de la Wehrmacht leur sont indispensables dans la lutte contre l'URSS. Son groupe travaille de 1947 à 1961, éliminant les passages compromettants, construisant rapport après rapport un mythe cohérent. Ainsi naît la légende d'une armée aux mains propres, experte de l'art de la guerre, vaincue par la faute d'un dictateur incompétent. En 1952, Halder a gagné son pari : la Wehrmacht est réhabilitée. Le phénomène s'accroît avec les parutions de témoignages comme celui du tankiste Kurt « Panzer » Meyer (*Grenadiere*, 1957) et la sortie, en 1960, de *Sie kommen* (« Ils arrivent ») qui couvre la bataille de Normandie vue du côté allemand. Ce récit est signé d'un « honorable » journaliste, Paul Carell, qui n'est autre que Paul Karl Schmidt, un ancien nazi, directeur du département presse du ministre des Affaires étrangères, responsable d'édition du magazine de propagande *Signal*. Ce porte-parole était parvenu en 1945 à échapper à la justice en se faisant passer pour un « résistant de l'intérieur ». Son *Sie kommen !* se vend à travers le monde à des millions d'exemplaires. À le lire, « c'était toujours la même histoire : l'astuce, la bravoure et même l'esprit de sacrifice [allemands], se voyaient obligés de s'incliner devant la supériorité du matériel ». Ces clichés s'enracinent en France au début des années 1970 sous la plume de Jean Mabire. Lui aussi journaliste d'extrême droite, Mabire multiplie les succès d'édition (37 000 exemplaires en moyenne par ouvrage) avec des monographies sur les « troupes d'élite » SS de différentes nationalités présentées comme les creusets d'une « européanité » supérieure, une caste fraternelle et chevaleresque qui aurait fait barrage au « matérialisme anglo-saxon » et au « communisme asiatique[1] ». Si leur dimension idéologique n'a finalement qu'un faible écho, tous ces récits baignent dans un romantisme qui contribue à absoudre les Waffen SS. Ainsi s'épanouit aujourd'hui encore, bien visible sur la « Toile », une fascination pour l'armée allemande réduite à son excellence militaire.

Un troisième courant émane des généraux alliés. Dès 1948 paraissent les mémoires de l'ancien commandant suprême, l'Américain Dwight Eisenhower, *Crusade in Europe*. Le Britannique Bernard Montgomery (commandant des forces terrestres), Omar Bradley (commandant des forces américaines), des généraux de corps d'armée (Collins, Horrocks) lui emboîtent le pas à ceci près qu'ils y règlent leurs comptes. Tandis que les

1. Georges Feltin-Tracol, « Maît' Jean, le précurseur », *Culture normande*, n° 33, 2ᵉ trimestre 2006. Mabire est l'auteur de trois ouvrages sur des unités SS en Normandie : *Les Jeunes Fauves du Führer* (12ᵉ SS), *Les SS au poing-de-fer* (17ᵉ SS) et *Panzers SS dans l'enfer normand* (sur les 9ᵉ et 10ᵉ SS).

Américains critiquent la frilosité de Montgomery, ce dernier se défend, affirmant avoir attiré à lui les meilleures unités allemandes pour faciliter la percée américaine. En étalant les faiblesses de leurs partenaires, réelles ou exagérées, ces textes ne font que renforcer l'image positive de l'armée allemande.

Parallèlement à cette « histoire-bataille » traditionnelle vue d'en haut, une autre histoire s'est épanouie, celle « vue d'en bas », écrite d'abord par des journalistes, dont le représentant emblématique et indépassable demeure Cornelius Ryan et son *Jour le plus long*. Enquêteur hors pair, Ryan sillonne le monde pour contacter 1 144 survivants (bien aidé par le réseau du *Reader's Digest* en échange de l'exclusivité de la publication). Conteur gracieux, il compose une symphonie chorale, un patchwork de témoignages aux dialogues réécrits et à la mise en scène romancée dont le génie tient au montage *cut* à la manière d'un thriller, aussi addictif qu'immersif. Il redonne sa place au combattant, à la peur, à la sueur, au sang (bien plus que dans la version cinématographique hollywoodienne aseptisée). Cet impressionnisme n'empêche pas de dégager un sens général. Chez Ryan, le 6 Juin n'est peut-être pas tout à fait le Débarquement tel qu'il a été, mais c'est le Débarquement tel qu'il aurait dû être : une épopée grandiose, patriotique, débordante de fureur et d'héroïsme. Le succès est immédiat. Il faut le relire soixante ans après pour mesurer à quel point il a nourri notre imaginaire, à quel point il résonne tel un mythe. Depuis, d'Antony Beevor à Giles Milton, combien d'auteurs font du « Ryan » ?

En 1964, à l'occasion du 20e anniversaire du Débarquement, ces quatre visions se combinent sans se contredire. La vulgate est forgée. En France, dans les années 1980, elle est nourrie par la maison d'édition normande Heimdal, dont les ouvrages et revues séduisent par leur importante iconographie, complétée depuis vingt ans par d'autres éditeurs locaux, YSEC et Maranes Éditions. Une dizaine d'auteurs arpentent le champ de bataille en quête de micro-détails – uniforme, témoignage, portrait, matériels, monographie – offrant au lecteur un récit d'une précision inédite et unique en histoire militaire. En apparence, ces ouvrages techniques, presque cliniques, rompent avec la vision romantique de la bataille. Pour autant, le choix de traiter préférentiellement des unités d'élite allemandes contribue à perpétuer le biais pro-allemand. Certains auteurs, en se contentant de recopier les archives ou les témoignages sans les questionner, ne proposent rien d'autre que le regard porté par l'unité sur elle-même, forcément biaisé. C'est encore plus flagrant quand le texte est confié à un vétéran de l'unité. Tous bornent leur propos au seul récit de l'affrontement. Rien n'est dit de l'expérience combattante, des tensions entre les individus, des rapports sociaux, ni même de la doctrine, indispensable à l'interprétation de la grammaire des combats.

Dans le même temps, les travaux universitaires français brillent par leur absence. L'ouverture du Mémorial de Caen en 1984 n'a pas suscité une production très intense. Les éditeurs tardent aussi à traduire les ouvrages étrangers qui ont renouvelé la compréhension de la bataille depuis les années 1980. Il faut trente ans aux éditions Perrin pour publier l'étude décapante de Carlo D'Este. Tandis que celles de Russell Hart, Stephen Hart, Terry Copp, John Buckley attendent toujours de l'être. La situation s'améliore cependant. La bataille des civils, jusque-là négligée, est maintenant bien connue grâce aux travaux complémentaires de Bernard Garnier, Jean Quellien et Stephen Bourque. Olivier Wieviorka a revisité la question du moral des combattants, tandis que Jean-Luc Leleu a publié en 2022 une magistrale étude de l'armée allemande. Il existe aujourd'hui un arsenal étoffé pour comprendre le Débarquement. Et pour être honnête, aucune autre bataille ne dispose d'une telle documentation.

Ce qui ne signifie pas que tout ait été écrit sur le Débarquement. Il manque encore une étude scientifique de la gestation de l'opération « Cobra » qui décide de la percée le 25 juillet 1944. On est également étonné de voir à quel point l'histoire intérieure des institutions militaires demeure un angle mort alors que tous les témoignages des commandants laissent pourtant deviner l'importance de l'écosystème dans leurs choix. Cadre administratif, univers cognitif, lutte de pouvoir, réseaux de sociabilité, stratégie personnelle sont autant de clés aidant à comprendre la bataille et jusque-là négligées. Encore plus surprenant, les impacts de la supériorité aérienne alliée et de la Résistance restent mal connus. La bataille de Normandie n'est pas un sujet vidé.

2

La bataille a-t-elle été une étape décisive dans la victoire ?

Par l'ampleur de ses commémorations et sa couverture médiatique, le 6 juin 1944 constituerait le sommet du bras de fer titanesque entre le Bien et le Mal, ce « Jour le plus long », sur les plages normandes, où la Seconde Guerre mondiale et notre liberté auraient été gagnées. Et pourtant... c'est davantage l'après-guerre que la guerre qui s'y est joué.

« Décisif » : le qualificatif a accompagné l'événement avant même sa survenue... Car cette bataille a la particularité d'avoir été annoncée, espérée et crainte par les belligérants pendant quatre ans, nourrissant la machine à fantasmes. Hitler l'évoque dans un discours sur quatre. D'abord pour défier. Ensuite pour jeter la suspicion au sein de la coalition alliée, en cherchant à faire croire aux Soviétiques que les Occidentaux ne parviendront jamais à leur venir en aide. Enfin pour dissuader, quand, à partir de 1943, la bataille tant promise permet à la propagande nazie de détourner la population de la terrible retraite de Russie et de l'inéluctable défaite. Exagérer l'importance du mur de l'Atlantique devient alors une priorité pour Goebbels. Peu importe dès lors les steppes perdues, puisque les Alliés vont se fracasser sur le littoral. Et qu'ils ne s'en remettront pas. Hitler imagine l'économie de la Grande-Bretagne à genoux et sa population démoralisée[1]. L'échec du débarquement, il en est convaincu, entraînera le retour au pouvoir des conservateurs antibolcheviques et germanophiles, Halifax ou Hoare, prêts à une paix de compromis[2]. Le Führer parie aussi que Roosevelt ne survivra pas à l'échec d'un débarquement. L'Allemagne pourra alors se retourner contre Staline. Et vaincre. La nomination de Rommel – véritable icône du IIIe Reich – à la tête du groupe d'armées B qui chapeaute les 15e et 7e armées de la Belgique à l'embouchure de la Loire fait office d'anxiolytique national. La population, écrit un observateur, avale

1. Conférence interarmées du 20/12/1943 *in* Helmut Heiber et David M. Glantz (éd.), *Hitler and his Generals. Military Conferences 1942-1945*, Enigma Books, 2003, p. 313.

2. Joseph Goebbels, *Journal 1943-1945*, entrée du 18/04/1944, Paris, Tallandier, 2005, p. 437. Goebbels se leurre en comparant la situation de la Grande-Bretagne à celle de l'Allemagne en 1917. Bien qu'en crise, le pays peut compter sur l'aide américaine, Churchill est encore soutenu par 80 % de la population et, surtout, en cas de remaniement le pouvoir irait aux travaillistes.

la propagande « comme un morphinomane dépendant qui ne peut plus vivre sans injections[3] ».

Côté allié, la presse britannique nourrit l'espoir d'un retour offensif dès le rapatriement des troupes depuis la poche de Dunkerque, le 4 juin 1940. Au début de l'année 1944, Churchill laisse échapper que l'offensive pourrait avoir lieu mi-mars. La presse étrangère évalue à seulement 50 % les chances d'un succès allié et la presse britannique relaie l'angoisse d'un « bain de sang ». Chez les officiers de l'armée américaine circule un vœu plein d'enthousiasme et d'inquiétude mêlés et qui résume le caractère total et définitif de la bataille à venir : « Finies les différences entre stratégie et tactique, entre terre et air, entre Army et Navy, entre les Américains et leurs alliés. Toutes sont soudées en un seul poing compact et dévastateur, prêt à cogner[4]. » De part et d'autre, on nourrit le fantasme d'une bataille cyclopéenne qui va conditionner l'issue de la guerre. La veille du Jour J, la tension est à son comble. Goebbels demande le 5 juin à l'un de ses collaborateurs de ne plus évoquer le sujet, tant il est au bord de la crise de nerfs. Dans les semaines qui suivent le Débarquement, l'ampleur même de l'assaut – unique dans les

3. Cité *in* Jean-Luc Leleu, *Combattre en dictature. 1944 – La Wehrmacht face au débarquement*, Paris, Perrin, 2022, p. 71.

4. Richard Ackerman, *The Employment of Strategic Bombers in a Tactical Role, 1941-1951*, United States Army Air Forces Historical Study 88, 1954, p. 1.

annales militaires –, la participation de toute l'élite combattante (divisions de panzers allemands contre parachutistes alliés), la lutte féroce et – en apparence – incertaine enracinent un peu plus la conviction d'une bataille décisive, tout comme y participe sa dimension colossale. Jamais autant de matériels et d'hommes n'ont été concentrés sur un si petit espace. Mi-juillet, 490 000 Allemands résistent à 1 450 000 Alliés sur un front de 140 kilomètres, soit 14 000 hommes par kilomètre. À Koursk, bataille géante s'il en est, le ratio n'était « que » de 4 000 hommes par kilomètre. Un secteur qui aurait été tenu par un bataillon à l'Est l'était à l'Ouest par une division entière. Même écart pour les chars avec une densité de 46 chars/kilomètre en Normandie contre 13 à Koursk[5]. En trois mois, les Alliés débarquent le total hallucinant de 11 000 chars (remplacements inclus)[6]. Le plus impressionnant demeure cependant les dépenses en explosifs. Les Américains tirent 1 507 000 obus au cours du mois de juillet, les Britanniques, 1 448 000, sans compter ceux de

5. 1 000 panzers et 5 500 blindés alliés en Normandie, 9 000 chars à Koursk. Niklas Zetterling, *Normandy 1944*, Winnipeg, J. J. Federowisz Publishing, 2000, p. 415 et 422, et Jean Lopez (dir.), *Infographie de la Seconde Guerre mondiale*, Paris, Perrin, 2018, p. 123.

6. Stephen Napier, *The Armoured Campaign in Normandy : June-August 1944*, Cheltenham, The History Press, 2015, p. 409, et Zetterling, *Normandy 1944*, *op. cit.*, p. 425.

la marine et les bombes d'avion. Les Allemands font pâle figure à côté, malgré leurs respectables 500 000 obus, une consommation supérieure à celle des 2 000 kilomètres du front russe[7]. Par quatre fois, des bombardiers alliés larguent l'équivalent d'une bombe nucléaire tactique. Les Alliés déversent en deux raids ce que la Luftwaffe avait été en mesure de larguer en un mois durant la bataille d'Angleterre[8].

Le bilan de la bataille suggère aussi son importance dans la défaite finale nazie. Si 10 % environ des soldats allemands morts durant l'été ont été tués en Normandie (*cf.* chap. 25), 1 750 chars, soit quatre sur dix, y ont été détruits[9]. Autour de Stalingrad, les Allemands en avaient perdu 1 600 et 1 200 à Koursk (dont 252 seulement pendant les dix jours d'offensive initiale)[10]. Mais le

---

7. Roland G. Ruppenthal, *Logistical Support of the Armies*, vol. 1, Washington, CMH, 1953, p. 528, et Leleu, *Combattre en dictature…*, *op. cit.*, p. 729.

8. Leleu, *Combattre en dictature…*, *op. cit.*, p. 473.

9. Le 1er septembre, les Allemands ne disposent plus que de 393 chars à l'Ouest (Provence incluse, mais cela ne représente qu'une trentaine de chars) ; 146 autres sont en atelier. Environ 1 750 auraient donc été perdus sur les 2 250 dépêchés en Normandie (chiffres tirés des inventaires mensuels consultés par Loïc Charpentier *in* « Histoire de la Panzerwaffe », vol. 2, *Batailles & Blindés HS*, n° 30, 2016, p. 76).

10. Lopez (dir.), *Infographie…*, *op. cit.*, et Jean Lopez, *Le Chaudron de Tcherkassy-Korsun*, Paris, Economica, 2011, p. 409.

poids de la défaite en Normandie se mesure aussi politiquement et économiquement. Hitler avait tout misé sur un désastre allié. Espoir déçu. Non seulement les Anglo-Saxons sont toujours vaillants, mais en perdant aussi magistralement, il n'a d'autre choix que de renoncer à toute la France et à la Belgique. « Monty » libère Bruxelles le 3 septembre quand Patton aborde la Moselle. La guerre sous-marine, les raids sur l'Angleterre ne sont plus que des souvenirs, tout comme les richesses françaises essentielles à l'effort de guerre… sans oublier qu'en septembre, il faut défendre bec et ongles un front de plus de 800 kilomètres sous peine de perdre les principales régions industrielles d'Allemagne, la Ruhr et la Sarre. Sous cet angle, la bataille de Normandie accélère la fin du Reich.

Au début des années 1960, le Débarquement se transforme même en une épopée. En 1959, le journaliste irlando-américain Cornelius Ryan publie *The Longest Day (Le Jour le plus long)*, adapté au cinéma trois ans plus tard. Le livre se vend à 30 millions d'exemplaires, porté par la fresque démesurée produite par Darryl F. Zanuck. Celui-ci a rassemblé une distribution extraordinaire : Richard Burton, Sean Connery, Henry Fonda, Robert Mitchum, John Wayne, Curd Jürgens, Bourvil…, a confié le scénario à Cornelius Ryan et à quatre écrivains pour en accentuer la dramaturgie – dont Romain Gary pour les scènes françaises –, et fait appel à quatre réalisateurs renommés. Zanuck ne recule pas quand les 8 millions de dollars de budget sont engloutis et qu'il doit en ajouter deux de sa fortune personnelle. Même si le film s'inscrit dans une veine classique à grand spectacle, il s'en différencie par son souffle épique et son style monumental avec des milliers de figurants. À sa sortie, médiatisée à la manière du Débarquement lui-même, le succès est immédiat, phénoménal et international. La démesure même du film, absolument inédite à l'époque, accrédite l'idée que le 6 Juin a bel et bien été la plus grande bataille de tous les temps. « De toute l'histoire des guerres, confie le producteur, rien n'est comparable à l'ampleur ou aux enjeux de ce Débarquement. L'avenir du monde se jouait alors[11]. » Zanuck souligne une dimension épique et un souffle patriotique, acmé d'une lutte entre le Bien et le Mal. Le spectateur est happé. Par son esthétique, son apparente exhaustivité, son noir et blanc et ses dialogues en langues originales, le film prend l'allure d'un message historique où tout ce qui est montré et dit a valeur de vérité. Chaque spectateur sort convaincu que sur les plages de Normandie, l'esprit de sacrifice, le patriotisme et la solidarité entre démocraties ont, à eux seuls, assuré la victoire. En pleine guerre froide, l'œuvre est édificatrice. Le producteur hollywoodien souligne d'ailleurs qu'à ses yeux, « la liberté ne serait jamais vaincue tant qu'il y aura des hommes aussi

11. Cité *in* Leleu (dir.), *Le Débarquement…*, *op. cit.*, p. 150.

braves que ceux du jour J[12] ». Et c'est dans cet esprit que le film se concentre à la fin sur la seule plage d'Omaha. Il permet d'accréditer la thèse d'un combat désespéré d'une poignée de GI qui n'ont que leur courage à opposer aux mitrailleuses allemandes. Ainsi, la victoire ne s'explique plus par l'encombrante supériorité matérielle alliée, mais par l'esprit de sacrifice de quelques individus, des valeurs plus conformes aux représentations populaires. Cette focale a aussi le mérite de renforcer la tension dramatique, puisque du sort de cette plage dépend le Débarquement, et du Débarquement la victoire.

Porté par la puissance d'Hollywood, l'événement prend des allures d'épopée intemporelle et consensuelle. Du miel pour les politiques. « Nous sommes ici pour commémorer ce jour de l'Histoire où les armées alliées ont combattu ensemble pour redonner à ce continent sa liberté, déclare le président américain Ronald Reagan, le 6 juin 1984 à la pointe du Hoc. L'Europe était réduite en esclavage et le monde priait pour sa délivrance. Ici en Normandie, la libération commença. Ici les Alliés combattirent contre la tyrannie dans un effort géant sans parallèle dans l'histoire de l'Humanité[13]. » À l'entendre, il y aurait un avant

12. Lawrence H. Suid, *Guts & Glory. The Making of the American Military Image in Film*, Lexington, University of Kentucky Press, 2002, p. 181.

13. Leleu (dir.), *Le Débarquement…*, *op. cit.*, p. 193.

et un après Jour J, ce qui en fait bel et bien un tournant de la guerre. Et quel tournant ! La veille, l'Europe était occupée, on n'entendait que le bruit des bottes allemandes dans les rues désertes, le mal étendait son voile blafard sous un ciel de plomb. Le lendemain, l'Europe est libérée, foule et clameurs de joie, le Bien a triomphé. L'Europe n'aurait donc jamais été libérée du nazisme sans le Débarquement. C'est occulter la participation soviétique, mais Reagan s'en moque, lui qui dresse ensuite un parallèle avec la guerre froide et insiste sur les vertus des liens transatlantiques. « Nous étions avec vous alors. Nous sommes toujours avec vous à présent », promet-il aux Européens, avant de conclure sur les vertus édificatrices de l'assaut : « Renforcés par leur courage, encouragés par leur valeur, et portés par leur souvenir, continuons à défendre les idéaux pour lesquels ils ont vécu et sont morts. » Le verbe politique légitime la vision cinématographique. La mémoire, puis le devoir de mémoire aveuglent. Contester la dimension décisive du Jour J revient à déshonorer les hommes tombés le 6 juin.

Pourtant, les faits bousculent ces certitudes. L'avantage des Alliés ne date pas du 6 juin, mais de trois ans plus tôt, de l'année 1941, lorsque Hitler échoue à vaincre l'URSS, et que le camp allié se gonfle de la superpuissance industrielle américaine. Même si le IIIe Reich avait rejeté les Alliés à la mer en 1944, le régime n'aurait pas été sauvé pour autant. Les chiffres parlent d'eux-mêmes. Au début de l'année 1941, le PIB de l'Empire britannique pèse un tiers de moins que celui de l'axe Rome-Berlin. Douze mois plus tard, le PIB allié, URSS et États-Unis compris, atteint le double. En 1944, le triple. Or « jamais conflit ne fut plus industriel que la Seconde Guerre mondiale. Usine par usine, les Alliés firent un meilleur usage de leur industrie que leurs ennemis[14] ». Le Reich est surclassé en production dans des proportions allant de 1 à 3 à 1 à 8 : 67 000 chars et assimilés construits pendant la guerre contre 221 000 britanniques, soviétiques et américains, 119 000 avions contre 612 000, 346 000 camions contre 3 060 000. Ce déséquilibre est aggravé par les écarts de taille des populations mobilisées, 87 millions côté allié contre 40 côté de l'Axe, et par l'inégal accès aux ressources essentielles. Pour certains métaux comme le nickel ou le tungstène, le Reich épuise ses maigres stocks dès 1942. Dans le domaine des carburants, la situation est plus grave encore. Le IIIe Reich doit se contenter des 6 millions de tonnes de brut roumain et d'un peu de pétrole synthétique extrait du charbon. Au total, à peine plus de 2,5 % de la production mondiale. Une misère pour une guerre continentale ! L'entraînement des pilotes est réduit de 250 heures à 140 quand un aspirant américain en dispose de 400. Enfin, contrairement à

14. Richard Overy, *Why the Allies Won*, Londres, Jonathan Cape, 1995, p. 207.

la légende d'une Wehrmacht cuirassée, celle-ci demeure à 85 % hippomobile. C'est dans cette situation impossible qu'en mai 1944, l'offensive aérienne alliée pulvérise les installations d'hydrogénation transformant le charbon en pétrole de synthèse et divise la production ennemie par six. L'Allemagne ne reçoit en juin qu'à peine plus de 100 000 tonnes de carburants, ce qui la condamne à subir. Et subir, elle ne fait que cela depuis déjà dix-huit mois, dans le ciel du Reich, en Italie, en URSS où sa dernière offensive, à Koursk, a été contrée magistralement. Débarquement ou pas, le Reich est acculé.

Le Jour J n'a même pas bouleversé en profondeur la dynamique de désastre dans laquelle le régime est engagé. La Luftwaffe a été vaincue par l'aviation anglo-américaine au-dessus de l'Allemagne, la *Heer* (l'armée de terre) creuse son tombeau en URSS. Avant le Jour J, 4 soldats allemands sur 5 meurent à l'Est. Ils seront encore 4 sur 6 une fois les opérations en France commencées[15]. On le verra, la bataille ne s'est pas jouée à trois fois rien, les Alliés dominaient sans partage le ciel et disposaient d'une supériorité locale immédiate du simple au double en hommes, de 1 à 15 en blindés. Depuis quatre-vingts ans, des passionnés d'uchronies, ces reconstructions fictives de l'Histoire, imaginent une victoire allemande. Mais aucun auteur n'y parvient sans intervention d'un

15. Leleu, *Combattre en dictature…*, *op. cit.*, p. 56.

deus ex machina, d'une météo calamiteuse, d'une transformation drastique du plan d'attaque, d'une prescience qui aurait incité à concentrer les divisions blindées allemandes pile à la verticale du débarquement[16]...

Quand bien même la « Providence » serait-elle venue au secours de Hitler, l'échec allié ne lui aurait offert qu'un bref sursis. Les démocraties n'auraient pas renoncé. Aussi spectaculaire soit-il, un fiasco en Normandie n'aurait amputé les Alliés que de 100 000 hommes au plus. C'est beaucoup, mais loin des standards de la Seconde Guerre mondiale : les Allemands en perdent 850 000 entre novembre 1942 et février 1943 sur le front de l'Est, 400 000 en Biélorussie à l'été 1944, 250 000 en Tunisie en 1943. Les Américains ont mobilisé 10 millions de soldats et en ont déployé 2 millions au Royaume-Uni.

En cette année électorale, un échec du Débarquement aurait-il pu coûter son poste à Roosevelt ? C'est une hypothèse malgré tout improbable, la culture politique américaine ayant toujours dissuadé les électeurs de changer de capitaine en pleine tempête. Et quand bien même l'agressif candidat républicain Thomas E. Dewey l'eût-il emporté, il aurait poursuivi la guerre. Tout

16. Peter Tsouras, *Disaster at D-Day*, Londres, Greenhill Press, 1994 ; Benoît Rondeau, « Le débarquement échoue », *in* Claude Quétel (dir.), *On refait l'histoire*, Paris, First Éditions, 2020 ; Nicolas Aubin, « Et si... le débarquement en Normandie avait échoué », *Guerres & Histoire HS*, n° 3, 2017, p. 30-35.

comme Roosevelt, il était persuadé qu'une hégémonie allemande aurait constitué une menace mortelle pour l'Amérique. L'opinion publique – après une légitime frustration pour cet échec spectaculaire – n'en aurait été que plus déterminée.

Côté anglais, en revanche, l'armée de terre, déjà en sous-effectifs et incapable de lever davantage d'hommes en 1944, ne s'en serait jamais remise. Réduite à une vingtaine de divisions, elle n'aurait plus joué que les faire-valoir. Mais, quoi qu'il en soit, dans une totale dépendance aux États-Unis, Londres aurait été contraint de poursuivre la lutte, ne serait-ce que pour ne pas voir l'Empire imploser. En 1940, le couteau sous la gorge, les Britanniques n'avaient pas négocié ; ce n'était pas pour le faire quatre ans plus tard, dans une situation stratégique malgré tout bien plus favorable. Avec ou sans Churchill.

Évincés en Normandie, et pour soulager Staline, les Alliés auraient alors abusé de leur carte maîtresse, l'aviation, engageant leurs monstrueux B-29, historiquement cantonnés au Japon. L'Allemagne aurait été de toute façon ravagée. Sur terre, le front italien aurait été renforcé pour, dès août, multiplier les coups de boutoir. Les Allemands n'auraient disposé que de quelques mois pour vaincre l'URSS. Or, un tel objectif n'était déjà plus à leur portée en 1943. Même en envisageant quelques gains territoriaux de la Wehrmacht, l'Armée rouge se serait relevée. Et les Alliés auraient été prêts à débarquer de nouveau. Et ce ne sont pas les *Wunderwaffen*

– les armes « miraculeuses » tant attendues par Hitler – qui auraient inversé l'ordre des choses. À quoi bon fabriquer des chasseurs à réaction Me 262 quand essence et pilotes manquaient ? Les sous-marins type XXI, dont seulement quatre étaient construits en 1945, n'auraient jamais été en mesure de réactiver la bataille de l'Atlantique[17].

Sur terre étaient sur le point d'être produits en nombre des chars alliés remarquables (Comet anglais, Pershing américain et Js III soviétique), capables de résister aux derniers modèles allemands et tellement plus nombreux. En 1945, la Wehrmacht est la moins bien équipée des armées en guerre. Une déroute des Alliés en Normandie n'aurait finalement prolongé le conflit que de six mois, d'un an peut-être.

Tous ces constats ne retirent cependant rien au fait que le Débarquement a été capital… ne serait-ce que pour les millions de déportés pour qui chaque jour était compté, et au-delà pour la situation géopolitique d'après-guerre. C'est bien parce que les Occidentaux étaient présents en Allemagne début 1945 qu'ils pouvaient négocier des zones d'occupation avec les Soviétiques. Le succès, le 6 juin, a probablement sauvé *a minima* l'Autriche et la RFA de quarante-cinq ans de dictature communiste. Et ce n'est pas un maigre bilan.

---

17. Jean Lopez et Olivier Wieviorka (dir), *Les Mythes de la Seconde Guerre mondiale*, vol. 1, Paris, Perrin, 2015, p. 366 et 371.

3

Eisenhower était-il le commandant ou le superviseur suprême de l'opération ?

En décembre 1943, Churchill et Roosevelt se mettent d'accord pour que le général américain Dwight « Ike » Eisenhower devienne le commandant suprême des forces expéditionnaires alliées en charge de débarquer en France. « Commandant suprême » : le titre est ronflant, mais tout « suprême » qu'il soit, ce poste ne fait pas d'Eisenhower l'égal de Napoléon, la composition de son état-major en témoigne : il doit s'entendre avec des hommes qu'il n'a pas toujours choisis, équilibre entre Alliés oblige. En effet, la nomination d'un Américain est compensée par celle de Britanniques à tous les autres postes majeurs de la chaîne hiérarchique : adjoint du commandant suprême (Arthur W. Tedder), commandant en chef des forces navales (Bertram H. Ramsay), commandant en chef des forces aériennes (Trafford

Leigh-Mallory), et surtout commandant en chef temporaire des forces terrestres (Bernard L. Montgomery ; poste qu'il cumule avec celui de commandant du 21e groupe d'armées, celui chargé du Débarquement). Eisenhower aurait préféré Harold Alexander à « Monty », mais le *War Office* britannique ne voulait pas en entendre parler. Les Britanniques poussent Eisenhower « dans la stratosphère et dans l'atmosphère raréfiée d'un commandant suprême où il sera libre de consacrer son temps aux problèmes interalliés et politiques ; pendant ce temps, nous plaçons sous lui l'un de nos propres commandants pour gérer les situations militaires », avoue le général Brooke, le 20 janvier 1944, dans ses carnets[1].

En effet, les responsables des trois armes préparent les plans relevant de leur domaine, puis procèdent à leur exécution, tandis que le commandant suprême les coordonne et négocie avec les autorités militaires et politiques à Washington et Londres. Cette division du travail s'était imposée en Tunisie quand Eisenhower, déjà commandant suprême en Méditerranée, absorbé par les intrigues algéroises, avait été contraint de laisser au Britannique Alexander la conduite des opérations. Eisenhower s'en était satisfait. Contrairement à des Patton ou des MacArthur, il était entré à West

1. Alex Danchev et Daniel Todman (ed.), *War Diaries. Field Marshal Lord Alanbrooke*, Londres, Weidenfeld & Nicolson, 2001, p. 365.

Point moins pour la gloire que dans l'espoir de s'élever socialement. Jamais il ne s'était plaint d'avoir été oublié en 1917, ratant ainsi la Grande Guerre. S'épanouissant à des postes d'état-major dans l'entre-deux-guerres, il y avait fait preuve de beaucoup d'orthodoxie et d'une grande virtuosité pour cultiver son réseau, le cocktail parfait pour bénéficier des faveurs des puissants sans susciter la jalousie. En fait, Eisenhower avait toutes les qualités d'un politique, sachant séduire, sachant convaincre plus qu'imposer, sachant déléguer. De 1942 à fin 1943, il avait enfin acquis une expérience unique du commandement multinational en Méditerranée. « *Right Man at the Right Place* », Eisenhower était autant respecté comme chef suprême que brocardé comme général. Montgomery disait de lui qu'il était « un gars bien et probablement un très bon politique. Mais ses connaissances de la manière de faire la guerre ou de livrer bataille sont définitivement nulles. Il doit tout de suite être tenu à l'écart de ces domaines – sinon nous allons perdre la guerre[2] ».

Ainsi, c'est bel et bien Montgomery qui présente en grande pompe le *Master Plan* le 7 avril 1944 à St Paul's School en présence d'un parterre d'amiraux, de généraux et autres galonnés de l'air et même de Churchill. Ce plan ne doit

---

2. Lettre de Montgomery à Simpson, 5 avril 1943, citée *in* Daniel Feldmann & Cédric Mas, *Montgomery*, Paris, Economica, 2014, p.93.

pas grand-chose à Eisenhower, il a été préparé en deux mois par l'état-major de Montgomery en collaboration avec ceux de Dempsey et Bradley[3].

« Ike » ne pouvait d'ailleurs pas se mêler d'une telle planification, tant il était diverti par d'autres tâches. Par exemple, prêt à tout pour garantir le succès d'« Overlord », il exige la participation des deux forces aériennes stratégiques, celles des « gros » bombardiers quadrimoteurs de la 8e Air Force américaine et du *Bomber Command* britannique, alors qu'au départ la participation de l'aviation devait se limiter aux deux forces tactiques équipées de chasseurs-bombardiers monomoteurs et de bombardiers moyens bimoteurs. L'idée horrifie les « barons du bombardement » : l'Américain Spaatz et le Britannique Harris ; horrifiés de perdre leur indépendance, horrifiés d'être relégués à l'appui des forces au sol, alors qu'ils sont persuadés de pouvoir gagner la guerre seuls en dévastant l'Allemagne. Le bras de fer dure de janvier à fin mars 1944. Eisenhower, en fine lame, manie la menace d'une démission et les concessions de façade. Il accepte de n'être que le « superviseur » des forces aériennes stratégiques et non le « commandant temporaire », ou permet que les « lourds » ne soient pas placés sous l'autorité de Leigh-Mallory, le commandant de la composante « aviation » du SHAEF – que Spaatz et Harris détestent –, mais sous celle de

3. Carlo D'Este, *Histoire du débarquement*, Paris, Perrin, 2013, p. 76.

Tedder, son conseiller personnel aux questions aériennes. Cet exemple montre à quel point le management des sensibilités épuise le commandant suprême.

Après le Débarquement, Montgomery conduit la bataille terrestre, installé en Normandie dans un château près de Bayeux avec une équipe d'une quarantaine de personnes. Chaque semaine, il prend le pouls de la bataille en se déplaçant au front, publie ses directives. Forçant son caractère, il cajole Bradley, l'encourage sans jamais le critiquer, et ses ordres lui accordent le plus de liberté possible dans l'exécution[4]. « Monty » est bien plus intrusif auprès de Dempsey, le court-circuitant parfois pour traiter directement avec ses chefs de corps d'armée.

Pendant ce temps, le commandant suprême demeure en retrait. Certes, lors de ses visites hebdomadaires en Normandie, il s'entretient des projets de chacun[5], mais sa correspondance révèle à quel point son quotidien est mangé par des actions périphériques : planifier les visites

4. The National Archives (TNA), WO 229/72, Directives by CIC 21st Army Group, M 502 du 18/06/1944 à la M 516, du 27/07/1944.

5. En 1970, des historiens américains ont insisté sur l'influence indirecte d'Eisenhower, qui, à l'occasion de visites sur le terrain, se serait plu à suggérer les manœuvres. Rien ne permet d'étayer cette affirmation. Alfred D. Chandler (éd.), *The Papers of Dwight David Eisenhower*, vol. 3, Baltimore, The Johns Hopkins Press, 1970, p. 1969.

officielles, relayer les demandes de décorations et de promotions, négocier avec les autorités françaises. Il doit à nouveau se battre pour obtenir de l'aviation stratégique qu'elle assiste les opérations terrestres, et défendre bec et ongles le futur débarquement en Provence que les Britanniques veulent torpiller. « Ike » félicite, couvre et encourage ses subordonnés, mais n'intervient pas directement dans la bataille en juin et en juillet[6].

Mais pas en août ! Au moment de la percée américaine, la chaîne de commandement se délite. Eisenhower empiète alors sur les prérogatives de Montgomery. Pour comprendre cet événement qui a parasité la fin de la bataille de Normandie, il faut revenir fin 1943 quand le chef d'état-major de l'US Army, George C. Marshall, avait rappelé à « Ike » qu'il allait être nommé pour faire la guerre, pas pour la superviser, et qu'il ne devrait dès lors pas s'encombrer d'un adjoint chargé des opérations à terre. « Ike » avait pourtant nommé « Monty » à ce poste, mais l'avait averti que cette fonction n'était que temporaire. Une fois la Seine bordée et le pléthorique état-major du SHAEF (6 000 hommes) débarqué, le commandant suprême prendrait seul la direction de la campagne terrestre, sans doute aux alentours du 1er septembre, Montgomery restant chef du 21e groupe d'armées britanniques. Nombre de Britanniques espérèrent qu'une fois les opérations engagées, Eisenhower prendrait

6. *Ibid.*, p. 1913-2037.

conscience que diriger la bataille terrestre était incompatible avec la charge déjà colossale pesant sur ses épaules et que le provisoire s'éterniserait.

Mais « Monty » avait perdu une grande partie de sa légitimité au cours du mois de juillet. Les Américains, officiers comme journalistes, lui attribuaient la responsabilité de l'enlisement. Ils estimaient qu'il économisait le sang anglais, ce qui faisait peser tout le poids de la progression sur les épaules américaines. Malgré son tact, Montgomery n'arriva pas à se rallier Bradley. Le divorce entre les deux hommes était consommé depuis la Sicile[7], et l'Américain considérait ces égards comme du paternalisme ou, pis, de la condescendance. Il ne rêvait que d'une chose : s'émanciper de son rival. Fin juillet, la spectaculaire percée américaine (« Cobra ») comparée à l'échec britannique (« Goodwood ») discrédita définitivement « Monty ». Quand, le 1er août, Bradley prit les rênes d'un second groupe d'armées pour rassembler toutes les forces américaines (la 1re armée retirée au 21e groupe d'armées et la 3e armée tout juste débarquée), il n'obéit plus à « Monty » pourtant toujours responsable de toutes les opérations terrestres. Les deux groupes d'armées ne

7. En Sicile, Montgomery, qui commandait l'armée britannique, a multiplié les initiatives au détriment de l'armée américaine de Patton, empiétant sur son secteur pour emprunter les meilleures routes en direction de Messine. Ce camouflet a été d'autant plus mal accepté qu'ensuite « Monty » s'était enlisé.

coopérèrent plus, ce qui retarda la fermeture de la poche de Falaise et ruina un second encerclement sur la Seine (*cf.* chap. 22).

Eisenhower refusa alors de clarifier la situation, soit en confirmant Montgomery soit en prenant tout de suite le commandement direct des forces terrestres. Il affaiblit un peu plus le Britannique en annonçant qu'il prendrait le commandement des opérations, mais seulement le 1er septembre. Pis, « Ike », qui avait rejoint son état-major avancé en Normandie dès le début du mois d'août, rencontra à plusieurs reprises Bradley et l'encouragea à faire cavalier seul vers l'est. Sans en toucher un mot à Montgomery. Ainsi, quand Eisenhower, en août, participa à la conduite des opérations, ce fut par effraction. Cette ingérence aurait pu au moins faciliter sa prise de fonction au 1er septembre, il n'en sera rien. Il se révélera alors incapable de proposer un plan d'action clair pour coordonner la folle chevauchée à travers le nord de la France. L'anarchie perdurera encore plusieurs semaines, facilitant le rétablissement allemand[8].

Eisenhower n'est donc pas l'architecte de la victoire en Normandie – titre qui revient assurément à Montgomery –, son rôle a été davantage celui d'un maître d'œuvre.

---

8. Nicolas Aubin, *La Course au Rhin. Pourquoi la guerre ne s'est pas finie à Noël*, Paris, Economica, 2018, p. 144-151, 200-209 et 473-483.

4

Staline a-t-il facilité « Overlord » ?

L'Armée rouge a facilité – et même rendu possible – le Débarquement en ne disparaissant pas purement et simplement en 1941, puis, les années suivantes, en portant des coups terribles à la Wehrmacht. De juin 1941 à novembre 1943, le Reich a enterré dans le sol soviétique 1 400 000 de ses enfants. En juin 1944, le front russe aspire encore 60 % de ses divisions, soit 211 dont 24 mécanisées, même si plusieurs ne sont plus que l'ombre d'elles-mêmes. Quand on songe que le front ouest a manqué d'infanterie pour garnir le mur de l'Atlantique, il devient limpide que l'existence même du front russe était une des conditions d'un débarquement. Les Alliés ne s'y trompent pas quand, en octobre 1943, à Moscou, ils préviennent les Russes que « pour entreprendre un débarquement au printemps 1944, il faut [...] que les réserves allemandes en France et aux Pays-Bas, le jour de l'assaut ne soient pas supérieures à 12 unités mobiles de première qualité à effectifs pleins [...] et qu'il soit impossible aux Allemands de transférer plus de 15 divisions de première qualité durant les deux premiers mois[1] ». Lors de la conférence de Téhéran, en décembre suivant, Staline s'engage à déclencher une offensive à l'Est contre la promesse d'un débarquement anglo-américain en France. Le *Vojd* (le « guide ») les présente alors comme deux opérations simultanées et complémentaires. L'idée est, bien sûr, d'écarteler la Wehrmacht, afin de l'empêcher de jouer de ses lignes intérieures. Cet accord rassure les Occidentaux. Churchill, jusque-là réticent, finit par céder. Le principe d'un débarquement est définitivement acté.

Mais une fois notés ces rappels indispensables, il nous semble qu'en 1944, c'est davantage « Overlord » qui a facilité les offensives d'été soviétiques que l'inverse. Informé que la réserve stratégique de Hitler sera immobilisée à l'Ouest, Staline saisit cette formidable occasion pour monter une offensive plus ambitieuse sur 400 à 600 kilomètres de profondeur : au total, six opérations majeures, déclenchées en cascade sur 2 700 kilomètres de front, de la Finlande à la mer Noire, entre le 10 juin et le 12 septembre, rassemblant 6,5 millions d'hommes, environ 10 000 chars et 12 000 avions. Sans doute le « Tsar rouge » est-il également aiguillé par la crainte, une fois les Alliés

1. John R. Deane, *The Strange Alliance*, Londres, John Murray, 1947, p. 19.

en France, de voir les chefs de la Wehrmacht se débarrasser de Hitler et proposer un armistice aux Occidentaux, avant de se retourner contre lui. Dès lors, son objectif est de capitaliser le maximum de gains territoriaux.

Cette coordination entre front est et front ouest est cependant plus politique qu'opérationnelle : il n'existe aucun organe militaire commun aux trois Grands. Les Américains disposent simplement d'une mission militaire à Moscou et l'essentiel de leurs contacts passe par des courriers d'ordre général entre Staline, Roosevelt et Churchill. Les échanges d'informations opérationnelles sont, pour ainsi dire, nuls. Tout juste en avril 1944 les Américains concèdent-ils la date et le lieu du Débarquement, mais les Soviétiques ne divulguent rien en retour. Ce culte du secret permet de masquer la duplicité soviétique, car c'est seulement une fois la date du débarquement connue que l'état-major soviétique fixe celle de l'opération « Bagration » au 22 juin, par ailleurs jour anniversaire de l'invasion allemande en 1941. Les généraux russes ne sont, en effet, disposés à attaquer qu'une fois la certitude acquise que les réserves allemandes sont accrochées à l'Ouest. « Overlord » est pour Staline la plus belle des diversions[2].

---

2. Le 22 avril 1944, Staline promet que « l'Armée rouge lancera une offensive au même moment de façon à donner le maximum de soutien aux opérations anglo-américaines » (*Stalin's Correspondence with Churchill, Attlee,*

Pourtant, c'est dès novembre 1943 que Moscou a entrevu les bénéfices de l'opération. À ce moment-là de la guerre, Hitler a érigé en priorité absolue le renforcement du front ouest, jusque-là négligé. En six mois, la masse des divisions d'infanterie y a presque doublé, passant de 21 à 37. Une réserve opérationnelle a été mise sur pied avec neuf divisions de panzers et une de *Panzer-Grenadier*, dont cinq ont été prélevées sur le front russe. Certes, elles ont laissé sur place leur matériel, mais leur départ signifie aussi le retrait de dizaines de milliers de soldats d'élite. Entre novembre 1943 et juin 1944, 34 % des nouveaux Panzer IV et 25 % des Panther sont livrés à la *Westheer* (les forces armées déployées à l'Ouest) qui dispose de 1 600 chars, 200 de plus que l'*Ostheer*[3] (celles du front est). Finalement, alors que ce dernier perd une dizaine de grandes unités, celui de l'Ouest en gagne 16. Ce sont 59 divisions qui y attendent le Débarquement.

Dans les airs, le front russe n'absorbe plus que 30 % des moyens de la Luftwaffe et seulement

Roosevelt & Truman 1941-1945, Londres, Lawrence & Wishart, 1958, doc. n° 260, p. 215), mais le lendemain du Jour J il se dédit. « L'offensive d'été des troupes soviétiques, lancée selon notre accord de Téhéran, commencera à la mi-juin », écrit-il au président Roosevelt (Bradley F. Smith, *Sharing Secrets with Stalin*, Lawrence, University of Kansas Press, 1996, p. 206).

3. Russell A. Hart, *Clash of Arms. How the Allies Won in Normandy*, Norman, University of Oklahoma Press, 2004, p. 221-230.

22 % des chasseurs monomoteurs. Ce sont aussi les Occidentaux qui saignent la Luftwaffe dans les six premiers mois de 1944 (7 584 pertes à l'Ouest contre 1 874 à l'Est)[4]. Il faut bien sûr, pour que les comptes soient justes, défalquer l'impact des offensives d'hiver soviétiques, en particulier les terribles combats de part et d'autre du Dniepr. De novembre 1943 à mai 1944, 466 000 hommes sont morts à l'Est[5], freinant par ricochet la mise sur pied de la *Westheer*. Pour autant, alors qu'en 1942 et 1943 le printemps voyait renaître l'*Ostheer*, ce n'est plus le cas en 1944 et la priorité donnée à l'Ouest y est pour beaucoup. Face à « Bagration », les Allemands ne disposeront le 22 juin que de 500 chars en comptant les StuG[6] et 512 avions de combat opérationnels[7] ! L'armée a été largement démotorisée et quelques divisions n'ont plus aucun véhicule. Ainsi, il n'est pas faux d'affirmer que, depuis novembre 1943, le gagnant du projet commun est bien Staline. Et il le sera encore davantage

4. Dan Zamansky, *How were German air force resources distributed between different fronts in the years 1941 to 1943 and what are the implications of this case study for understanding the political economy of the period ?*, 2016, http://www.ww2.dk/Dan % 20Zamansky % 20 – % 20The % 20Study.pdf

5. Rüdiger Overmans, *Deutsche Militärische Verluste im Zweiten Weltkrieg*, Munich, Oldenbourg Verlag, 2000, p. 277.

6. Le StuG est un canon d'assaut disposant d'un canon de 75 mm installé sous casemate et non dans une tourelle pour alléger l'ensemble et faciliter sa production.

7. Jean Lopez, *Opération Bagration*, Paris, Economica, 2014, p. 144.

en retardant son attaque au 22 juin, puisque le 2e corps de panzers SS est renvoyé à l'Ouest juste après « Overlord ».

« Bagration » est une offensive géante. La *Stavka*, le haut commandement russe, frappe en Biélorussie orientale pour profiter initialement de la quasi-absence de panzers dans ce secteur. Et, du coup, y obtenir une percée profonde qui doit amener l'ennemi à envoyer au secours de son infanterie sa réserve blindée à l'est (11 divisions et 1 000 chars). Ceci fait, trois semaines après, les Soviétiques déclenchent une autre offensive stratégiquement plus importante sur l'axe Lvov-Sandomir censée projeter l'Armée rouge par-delà la Vistule à près de 600 kilomètres de son point de départ. Pour finir, une dernière frappe plus au sud ciblera Bucarest, les champs pétrolifères de Ploesti, puis Sofia.

Sidéré, le groupe d'armées Centre, déjà affaibli, s'effondre en quelques heures. Trois semaines plus tard, 28 divisions auront été détruites : c'est le pire désastre de l'histoire militaire allemande. Le 12 juillet, la deuxième opération peut débuter. Le 1er août, la Vistule est franchie. Le 20, le sud de l'Ukraine s'embrase à son tour. L'offensive aboutit à un nouvel encerclement géant (15 divisions détruites, 200 000 pertes). Au total, entre le 22 juin et le 29 août 1944, huit fronts soviétiques ont progressé de 250 à 600 kilomètres. La Biélorussie, l'Ukraine, une bonne partie des pays Baltes, un quart de la Pologne ont été libérés, la Roumanie a changé de camp (23 août), la Bulgarie s'apprête à le faire (9 septembre), et les Allemands sont contraints d'évacuer la Grèce et la Yougoslavie. Quarante-sept divisions ont été détruites et 600 000 soldats allemands sont morts en trois mois[8]. Le bilan est terrible pour la Wehrmacht.

Ce succès doit évidemment beaucoup aux Occidentaux. Jusque-là, Hitler avait toujours prélevé des troupes fraîches à l'Ouest pour rétablir des situations compromises à l'Est. La dizaine de divisions de panzers, cette fois fixée en Normandie, a cruellement manqué pour contrer la deuxième, puis la troisième offensive soviétique. Cette fois, seule la pénurie de ravitaillement, l'usure des machines et l'épuisement des troupes ont stoppé les Russes.

Pour autant, les Alliés profitent à leur tour de « Bagration », parce qu'en juillet-août la production de guerre allemande a été livrée à l'Est. La *Westheer* a dû combattre avec ses seules forces, quasiment sans renforts (hormis le 2e corps SS et une DI en provenance de Norvège) et bien peu de remplacements[9]. Or, avec une poignée de divisions d'infanterie en plus en Normandie et le double de ravitaillement, les Allemands auraient enfermé durablement les Alliés comme dans la tête de

8. Overmans, *Deutsche Militärische Verluste*..., *op. cit.*, p. 277.

9. Hart, *Clash of Arms*..., *op. cit.*, p. 387-390.

pont d'Anzio, dans le Latium d'où les troupes américaines débarquées fin janvier 1944 pour déborder la Wehrmacht n'ont jamais débouché. Sans « Bagration », le 22 juin, il n'y a pas « Cobra », cette percée obtenue le 25 juillet qui permet de s'extirper du bocage, de libérer la Bretagne puis la France (Alsace exceptée) et la Belgique en six semaines.

« Bagration » a cependant un effet pervers pour les Occidentaux. Dès le début du mois de juillet, confronté à cette terrible saignée, le Reich fait flèche de tout bois et lève le ban et l'arrière-ban… 1,5 million de poitrines supplémentaires. Le ministre de l'Industrie, Albert Speer, comble les pertes matérielles et parvient à augmenter les effectifs de blindés (chars à tourelle et chars à casemate) de 25 % entre juin et septembre 1944[10]. Ces forces – 13 brigades de panzers et les 43 divisions de grenadiers du peuple – sont destinées au front est, mais le temps de les mettre sur pied, « Bagration » s'est essoufflée. La Wehrmacht peut alors en détourner plusieurs (7 brigades et 17 DI) contre les Alliés au moment où ces derniers approchent des frontières allemandes, début septembre 1944[11]. Ce n'est pas la seule raison de leur coup d'arrêt, mais elle y contribue. Si le

10. Bernhard R. Kroener, Rolf-Dieter Muller, Hans Umbreit, *Germany & The Second World War*, vol. V/2, Oxford, Oxford University Press, 2003, p. 702.

11. Aubin, *La Course au Rhin…*, *op. cit.*, p. 238-243.

Reich n'avait pas été pris de frénésie début juillet à la suite de l'effondrement à l'Est, ces troupes n'auraient pas été disponibles si tôt en septembre pour bloquer les Occidentaux. Une véritable dialectique s'est enclenchée entre les offensives occidentales et soviétiques. Si le débarquement ne doit rien à « Bagration », en revanche, il n'aurait pas été un succès sans l'existence d'un front à l'Est. « Bagration » doit beaucoup à « Overlord » et « Cobra » doit tout à « Bagration ».

5

Sans l'opération « Fortitude », le projet aurait-il échoué ?

Le 24 décembre 1943, l'état-major allié entérine « Bodyguard », la plus vaste opération d'intoxication de la guerre. Son objectif : maintenir à distance de la Normandie le plus de forces ennemies possible[1]. Les Britanniques sont experts en ce domaine, mais cette opération se démarque par son ampleur, car elle se décompose en un sous-ensemble d'opérations. D'abord, « Copperhead » : un sosie de Montgomery est dépêché à Gibraltar en mai 1944 pour accréditer la thèse que le débarquement n'est pas pour tout de suite. Ensuite, « Vendetta » : une rumeur sur la possibilité d'un débarquement dans la région de Sète est propagée, relayée par « Ironside », autre rumeur sur un débarquement, cette fois dans le golfe de Gascogne. Mais les deux opérations les

1. Michael Howard, *British Intelligence in the Second World War*, vol. 5, Richmond, HMSO, 1990, p. 105.

plus connues demeurent « Fortitude North » et « Fortitude South[2] ».

La première cherche à persuader les autorités allemandes d'un débarquement à Stavanger, en Norvège, indépendant des opérations principales en France. Afin de rendre l'hypothèse plus plausible, l'état-major de la 4e armée britannique s'installe en Écosse le 22 mars 1944. De là, avec la complicité de la RAF et de la Royal Navy, il génère un intense trafic radio. Les rapports alarmistes d'agents retournés, les demandes britanniques de facilités aéroportuaires faites à la Suède pour mieux brouiller les pistes, et la simulation d'attaques navales dans le nord de la Scandinavie[3] par les forces soviétiques semblent aller dans le même sens.

« Fortitude South », la plus importante des deux opérations, tente de convaincre Hitler que le débarquement aura lieu dans le pas de Calais. Mille cinq cents hommes ont été mobilisés pour simuler la présence de 22 divisions au sud-est de l'Angleterre dans le Kent. À leur tête figure le général George S. Patton rappelé de Sicile. L'idée est géniale, puisque l'Américain est considéré comme le plus brillant officier allié par les

2. Rémy Hémez, *Les Opérations de déception*, Paris, Perrin, 2022, p. 110-111, et Olivier Wieviorka, *Histoire du débarquement en Normandie*, Paris, Seuil, 2007, p. 178.

3. Donald J. Sexton, « Phantoms of the North : British Deceptions in Scandinavia, 1941-1944 », *Military Affairs*, n° 3, 1983, p. 109-114.

Allemands[4]. De faux camps de toile et des dépôts poussent comme des champignons de l'autre côté de la Manche. Fabriqués à la manière d'un décor d'Hollywood, ils sont dotés de cantines qui fument effectivement aux heures des repas. Des messages radio circulent entre les pseudo-unités. Un dock et un complexe de stockage de pétrole sont ouverts à Douvres, juste en face des plages de Calais. Ils sont visités par le roi et le général Montgomery, tandis que près de 256 fausses barges de débarquement attendent d'être photographiées par les appareils de reconnaissance de la Luftwaffe[5]. Enfin, l'activité aérienne et maritime est amplifiée pour feindre de futures opérations sur le nord de la Seine. « Pour chaque bombe tombée en Normandie, il en faut deux tombées sur le pas de Calais », exige le colonel John Bevan, coordonnateur des actions d'intoxication. Sans atteindre ce ratio, l'existence des sites des armes V et la nécessité de détruire les infrastructures de transport (ponts, viaducs, gares de triage, ateliers de réparation et de stockage du matériel ferroviaire) justifient de ne pas délaisser le pas de Calais[6].

4. Les Américains ne l'ont cependant pas délibérément sacrifié. Patton est alors en disgrâce et Eisenhower lui préfère Bradley.

5. Mary K. Barbier, *D-Day Deception : Operation Fortitude and the Normandy Invasion*, Londres, Praeger, 2007, édition Kindle, emplacement 1209.

6. Les armes V sont les premiers missiles V1 et V2 à frapper Londres dans l'espoir de briser le moral anglais.

La 15e armée allemande, la mieux dotée de l'*Ob. West*, étant demeurée l'arme au pied, les Alliés en ont conclu au plein succès de « Fortitude ». En réalité, les archives révèlent que les choix hitlériens ont très peu dépendu des ruses alliées. Tout simplement, parce qu'ils n'en ont pas eu connaissance, faute d'avoir pu intercepter le trafic radio[7] et d'avoir été en mesure de survoler le territoire britannique, bien défendu. Quant aux informations obtenues depuis les ambassades dans les pays neutres, elles n'ont cessé d'être une source de confusion, au point d'être négligées.

Autrement dit, « Fortitude North » n'a rien changé au déploiement en Norvège, qu'Hitler était déterminé à tenir pour son fer et son nickel, indispensables à l'industrie d'armement. Or, le contrôle des 2 500 kilomètres du pays exigeait *a minima* la présence de 12 divisions.

« Fortitude South » n'a pas davantage fonctionné. Seuls quatre vols de reconnaissance photographient la campagne anglaise au printemps, tout en passant à côté de la mise en scène britannique. Pourtant, l'escadrille 1.(F)/121, basée à Toussus-le-Noble et équipée d'un nouvel appareil de reconnaissance bien plus performant, le

---

Stephen A. Bourque, *Au-delà des plages. La guerre des Alliés contre la France*, Paris, Passés Composés, 2019, p. 178-194.

7. TNA, DEFE 28/49, Ronald Wingate, « Historical Record of Deception in the War against Germany & Japan », vol. II, p. 407-408.

Me 410, parvient à prendre des clichés des barges-leurres ancrées à Douvres. Mais les analystes de la Kriegsmarine restent sceptiques en constatant l'absence de navires spécialisés. La Luftwaffe survole alors les ports de la côte sud à partir du 19 avril. Elle y découvre la Task Force G à Southampton (Gold), S à Portsmouth (Sword) et J sur l'île de Wight (Juno) : au total, 28 navires de combat, 660 péniches de débarquement, 15 transports ! La Kriegsmarine déduit de ce positionnement qu'un débarquement visera la côte normande. Elle estime même, avec une bonne précision, les effectifs de la future première vague, comme le révèleront les rapports exhumés en 2022 simultanément par l'historien canadien R.J. Haley et le Français Jean-Luc Leleu[8]. Personne n'avait jusque-là consulté ces archives qui remettent en cause le discours officiel du Fighter Command, selon lequel la Luftwaffe avait été entièrement induite en erreur[9].

Si l'OKW, l'état-major de la Wehrmacht, conserve des forces considérables au nord de la Seine, c'est parce qu'il est convaincu que le

8. R.J. Haley, « "Hitler's Intuition", Luftwaffe Photoreconnaissance and the Reinforcement of Normandy », *Journal of Military History*, 2022, vol. 86, Issue 1, p. 77-109 ; J.-L. Leleu, *Combattre en dictature…*, *op. cit.*, p. 90.

9. « Les reconnaissances aériennes allemandes n'ont rien photographié qui puisse compromettre les plans alliés et il ne leur a été permis de photographier que ce qui pouvait les tromper ». Basil Collier, *The Defence of the United Kingdom*, Londres, HMSO, 1957, p. 326.

Débarquement s'y effectuera. Le détroit du pas de Calais constitue la voie la plus courte vers la côte, puis la Ruhr. En outre, il se trouve à proximité immédiate des bases nécessaires au soutien aérien. Finalement, c'est la rationalité allemande qui aura constitué la meilleure (auto)intoxication.

Il est vrai qu'entre-temps, les Alliés ont mené une seconde opération pour faire accroire que le débarquement en Normandie ne sera qu'une diversion, en faisant surestimer leurs effectifs[10] par leurs agents doubles, les « *Double Cross* » (« tromper », en anglais). Une centaine d'entre eux sont des espions de l'Abwehr retournés. D'autres ont des profils plus atypiques, à l'image de « Garbo », de son vrai nom Juan Pujol Garcia, un républicain espagnol qui s'est fait délibérément recruter par l'Abwehr dans l'idée de devenir un agent double au service des Britanniques. En 1944, il était devenu la principale oreille des Allemands[11]. Et pour lui donner plus de fiabilité encore, Dwight Eisenhower acceptera même qu'il avertisse l'Abwehr de l'assaut trois

10. Ils font ainsi croire qu'Eisenhower disposerait de 79 divisions alors qu'il n'en a que 52 ; et parmi celles-ci, huit divisions aéroportées, ce qui l'autoriserait à isoler des régions entières du littoral, alors qu'il n'en a que quatre (et de quoi en larguer trois). J.-L. Leleu, *Combattre en dictature…, op. cit.*, p. 84.

11. Au point qu'il finira par être décoré de la Croix de fer, un honneur rarissime pour un civil étranger. Voir Christian Destremau, *Opération Garbo. Le dernier secret du Jour J*, Paris, Perrin, 2004.

heures avant l'attaque le 6 juin, un délai trop bref pour laisser le temps aux Allemands de réagir.

Hitler et une partie de son commandement en déduisent que la flotte d'invasion repérée au sud de l'Angleterre va servir à une diversion au sud de la Seine. Dès lors, le 27 avril, le Führer exige qu'on renforce Normandie et Bretagne, deux péninsules faciles à isoler avec des largages massifs – mais sans dégarnir le pas de Calais – et, le 6 mai, il fait appeler le chef d'état-major de Rundstedt pour lui faire savoir « que la péninsule du Cotentin sera le premier objectif de l'ennemi[12] ».

La 352e et la 91e DI, le 1er régiment de Flak et le 6e régiment de parachutistes convergent vers le Calvados et le Cotentin. Les effectifs de la 7e armée, qui tient ce secteur crucial, augmentent de 57 %, passant à 311 000 hommes[13], tandis que les divisions de panzers sont panachées entre le nord et le sud de la Seine. Ainsi s'explique de manière rationnelle ces mouvements de troupe jusque-là attribués à une intuition du Führer, et qu'« Overlord » n'a pas été la surprise espérée par les Alliés.

Faut-il pour autant conclure à l'échec des opérations d'intoxication ? En fait, celles-ci ont sans

12. Thomas L. Cubbage, « The German misapprehensions regarding Overlord : Understanding failure in the Estimate Process », *in* Michael I. Handel (éd.), *Strategic and Operational Deception in the Second World War*, Londres, Frank Cass, 1987, p. 116.

13. Leleu, *Combattre en dictature…*, *op. cit.*, p. 99.

doute permis d'éviter un basculement complet du dispositif défensif sur le Cotentin avant le 6 juin, et contribué à l'immobilisation de la 15e armée jusqu'à la fin juillet. Pour l'historien Jean-Luc Leleu, auteur d'une thèse magistrale, « Fortitude » n'a pas eu le succès qu'on lui a prêté après-guerre. En revanche, elle a incité les Allemands à nourrir leurs *a priori*. Quant à savoir si en l'absence de ce plan, ils auraient agi différemment, c'est impossible à dire[14].

---

14. Pour nourrir la réflexion, constatons tout de même que l'Abwehr déduit mi-juin de la qualité des troupes alliées engagées en Normandie que c'est autour de Caen et dans le Cotentin que porte l'effort principal. Mais le service s'autocensure, tant sa conclusion lui semble iconoclaste. Les premières DI de la 15e armée ne traversent la Seine que le 27 juillet. Trop tard pour empêcher la percée alliée.

6

La Wehrmacht avait-elle un plan pour repousser les soldats alliés ?

Aussi surprenant soit-il, aucun plan n'est clairement arrêté au matin du 6 juin 1944. Bien sûr, Hitler a donné un objectif : rejeter les Alliés à la mer. Mais comment ? L'avis général des états-majors réside dans la conviction que le mur de l'Atlantique ne suffira pas. Il pourra freiner l'ennemi, mais seule une grande contre-offensive blindée pourra le rejeter à la mer. C'est dans cet esprit qu'à l'automne 1943, Rundstedt met en garde le Führer : « Notre défense dépend avant tout des unités blindées et motorisées. Sans elles, on ne tiendra pas longtemps la côte[1]. » À cette date, il ne dispose que d'une trentaine de divisions, la plupart d'infanterie statique avec des soldats sans expérience ou âgés. À moins qu'il

1. Bundesarchiv-Militärarchiv (BAMA), RH 19-IV/1, fol. 73-121, Memo de Ia Ob. West, n° 550/43 g.K..Ch., 28/10/1943.

ne s'agisse des « malheureux » *Osttruppen*, des prisonniers de guerre soviétiques dont la plupart ont préféré rejoindre la Wehrmacht, moins par choix idéologique, que pour ne pas mourir de faim dans un camp (5 % des effectifs combattants à l'Ouest). Hitler l'entend et, par sa directive n° 51 du 3 novembre 1943, promet d'accorder la priorité absolue au renforcement du front ouest. Huit mois plus tard, à la veille du débarquement, ce dernier dispose dorénavant de 59 divisions, dont neuf divisions blindées avec plus de blindés (1 600) que sur le front russe (1 400 dispersés dans 17 divisions faméliques)[2]. Les efforts consentis au printemps 1944 ont été considérables. Pour autant, même favorisées, seules trois de ces divisions sont pleinement opérationnelles (les 12e SS, 2e Panzer et la division *Panzer Lehr*). Les autres se remettent sur pied après avoir été essorées à l'Est. Pour éviter un inutile transport ferroviaire, elles ont laissé l'ensemble de leur matériel en Russie et peuvent au mieux engager un groupement tactique. La 21e Panzer est complète, mais encore partiellement équipée de véhicules de prise français obsolètes en 1944.

De ce constat, Rundstedt tire la conclusion que pour être efficace, la contre-offensive devra

2. Thomas L. Jentz, *Panzer Truppen. The Complete Guide of the Creation & Combat Employment of Germany's Tank Force*, vol. 2, *1943-1945*, Schiffer Military History, 1996, p. 177 et 205.

s'opérer en masse, quitte à perdre quelques jours. Engager ses DB isolément et rapidement serait les consommer sans profit et prendre le risque de tomber dans une manœuvre de diversion alliée[3]. Il propose dès lors une conception qui se résume en trois mots : « couverture-coussin-marteau », une mince couverture sur la côte, car il n'a aucune confiance dans le mur de l'Atlantique et ne veut pas y gaspiller ses soldats, une résistance échelonnée en profondeur par les DI pour amortir l'attaque (le coussin) et enfin une contre-offensive massive par les forces mécanisées (le marteau). Le général Geyr von Schweppenburg, nommé justement à la tête d'un état-major d'armée – le groupe blindé Ouest chargé de cette contre-offensive – défend une option plus radicale : « Laisser l'ennemi débarquer pour pouvoir contre-attaquer et l'anéantir totalement. La bataille ne sera possible qu'en perdant au début beaucoup de terrain[4]. » Dans cette optique, toutes les unités mobiles, ainsi que la

3. BAMA, RW 4/v., p. 628, *Ob. West*, Grundordnung n° 37, 24/02/1944, Walter Warlimont, *Inside Hitler's Headquarter*, Presidio Press, 1991, p. 402.

4. Discussion entre les 3e bureaux de l'*Ob. West* et de Hgr. B, 18/12/1943 cité *in* Friedrich Ruge, *Rommel face au débarquement 44*, Paris, Presses de la Cité, 1960, p. 42, et Foreign Military Studies, B-466, « Preparations by Panzer Gruppe West Against Invasion (mid 1943-5 June 144) » par Leo Freiherr Geyr von Schweppenburg, 1947, U.S. Army, Historical Division, reproduit *in* David C. Isby, *The German Army at D-Day, Fighting the Invasion*, Londres, Greenhill Books, 2004, p. 72-80.

Luftwaffe, gagneraient à être regroupées près des grands axes routiers à l'abri sous les frondaisons des forêts qui enserrent Paris. Échaudé par les rapports reçus d'Italie, Schweppenburg est persuadé que les canons de la flotte sont une menace mortelle pour ses chars, mais, imprégné de son expérience en Russie, il demeure certain qu'une guerre de mouvement sera à l'avantage d'une Wehrmacht plus expérimentée.

Rommel conteste ces deux stratégies. La supériorité aérienne alliée, le manque d'essence et de véhicules les rendent impossibles. Il est atterré d'apprendre, en décembre 1943, que *l'Ob. West* estime à deux semaines le délai nécessaire à une contre-attaque[5]. L'ennemi sera alors bien trop puissant pour être délogé, dit-il.

Rommel pense qu'il faut repousser l'ennemi au moment où il est le plus faible, c'est-à-dire sur les plages. Dans cette optique, il est préférable de disséminer des groupements tactiques mécanisés en collier de perles le long des secteurs les plus menacés et capables d'intervenir en deux ou trois heures[6]. L'*Ob. West* rétorque que cette « poussière » manquera de puissance et sera balayée par

5. Ruge, *Rommel…, op. cit.*, p. 42.

6. Journal de Jodl, 13/01/1944 et 13/04/1944, Office of U.S. Chief of Counsel for the Prosecution of Axis Criminality et lettre adressée par Rommel à Jodl, le 23/04/1944, cité *in* Erwin Rommel, *La Guerre sans haine*, Paris, Presses de la Cité, 1962, p. 254.

l'artillerie navale. Réactivité ou puissance, tel est le dilemme.

Ce différend, qui masque en outre une lutte d'ego, conduit l'*Ob. West* en janvier 1944 à contrecarrer l'influence de Rommel en sollicitant l'avis des principaux états-majors concernés – en oubliant fort à propos celui du groupe d'armées B. La plupart préconisent dorénavant un compromis. Disposer au contact quelques DB pour colmater tout en conservant un corps de bataille (4 ou 5 divisions) pour la contre-offensive décisive[7]. Hitler doit trancher. Le 26 avril, il subordonne 6 divisions blindées pour moitié au groupe d'armées B (au nord de la Loire, 2e, 116e et 21e) et au groupe d'armées G (au sud, 2e SS, 9e et 11e). Quatre autres forment une réserve stratégique (1re SS, 12e SS, *Panzer Lehr* et 17e SS mécanisée)[8]. Après-guerre, les généraux soutiendront que cet arbitrage leur a été imposé. Il n'en est rien. Hitler se rallie au courant dominant.

Mais il y ajoute une inutile dispersion. Pourquoi diable attribuer trois DB au groupe d'armées G dans la moitié méridionale de la France, la moins menacée, la moins décisive et, en plus, en les plaçant très en retrait du littoral (Montauban pour la 2e SS, Avignon pour la 9e) ? L'explication tient à

7. Dieter Ose, *Entscheidung im Westen, 1944. Der Oberfehlshaber West und dire Abwehr der alliierten Invasion*, DVA/MGFA, 1982, p. 308-318.

8. *Ibid.*, p. 57-60.

l'état de ces divisions. Les 9e et 11e Panzer ne sont alors que des spectres, et il manque encore près de la moitié de son parc à la 2e SS[9]. Leur localisation s'explique dès lors davantage par la présence de facilités pour leur remise sur pied que par un choix tactique. Le groupe d'armées de Rommel est mieux pourvu, puisque sur ses trois divisions, deux sont opérationnelles. Logiquement, la 2e Panzer couvre le secteur du pas de Calais et la 21e Panzer celui de la Basse-Normandie, la 116e Panzer, à Rouen, occupe une position médiane. Chacune peut intervenir en moins de trois heures. Les divisions de la réserve ne sont pas regroupées autour de Paris mais placées en second échelon, une en Belgique, une dans le Poitou et les deux plus puissantes dans la région du Perche, au nord du Mans. Ainsi trois (21e Panzer, *Lehr* et 12e SS) des quatre meilleures divisions sont à moins de 150 kilomètres du futur lieu du débarquement.

Implicitement, Hitler a donc tranché en faveur d'une contre-offensive immédiate. « En aucun cas, nous ne devons tolérer que le débarquement allié dure plus de quelques jours sinon quelques heures », déclare-t-il le 20 mars 1944[10]. Il n'est d'ailleurs pas anodin que la réserve ne soit pas rattachée à Schweppenburg (qui dispose d'un état-major mais pas de troupes), ni même à Rundstedt. Elle dépend directement de l'OKW, c'est-à-dire de

9. Zetterling, *Normandy 1944*, *op. cit.*, p. 311 et 328.
10. Cité *in* Ruge, *Rommel...*, *op. cit.*, p. 40.

Hitler, qui décidera seul de libérer les divisions et de leur rattachement (qui se fera finalement au profit du groupe d'armées B) ; une décision qui fera dire avec amertume à Rundstedt qu'hormis sur la sentinelle de son QG, il était privé de toute autorité. Mais Hitler refuse d'entériner la prise de risque du « Renard du désert ». Les divisions ne seront pas collées à la côte. Le groupe d'armées B n'est pas libre du placement des unités qui lui sont subordonnées. Après tant de sacrifices pour mettre sur pied ce poing blindé, il était logique, conclut Jean-Luc Leleu, que Hitler « voulût en conserver la haute main[11] ». Ce choix coïncide également avec son mode de fonctionnement : diviser pour mieux régner.

Cette décision aurait dû avoir le mérite de trancher le débat et permettre une planification. Il n'en est rien. D'une part, la planification est rendue compliquée par les incessants mouvements de troupes : la *Panzer-Lehr* rentre de Hongrie mi-mai ; le 6 juin, son bataillon de Panther est en Allemagne, à l'instar des équipages de chars de la 1re SS[12]. D'autre part, demeurent des questions insolubles en l'état des renseignements. Quand le débarquement aura-t-il lieu ? Avec quelle ampleur ? Comment pourra-t-on être sûr qu'il ne sera pas une diversion ? Et, pour couronner le tout, le compromis hitlérien crée de nouvelles

11. Leleu, *Combattre en dictature…*, *op. cit.*, p. 141.
12. Zetterling, *Normandy 1944*, *op. cit.*, p. 304 et 384.

inconnues. Quel état-major commandera les divisions libérées ? Combien y en aura-t-il ? Si on y ajoute les relations désastreuses entre les états-majors et la conviction que le débat n'est pas clos (Rommel, qui s'en va fêter l'anniversaire de sa femme le 4 juin, espère profiter de son passage en Allemagne pour convaincre Hitler de rapprocher davantage deux DB de la mer), on en arrive à la situation paradoxale qu'après avoir attendu des mois l'invasion, les Allemands improviseront le Jour J.

La controverse trahit mieux que tout le désordre et le désarroi du commandement allemand. Désordre au sommet, bien sûr, avec cette chaîne de commandement illisible et percluse de frictions où un chef de groupe d'armées peut court-circuiter son supérieur, où le commandant d'un groupe blindé ne dispose d'aucune troupe, où le chef de théâtre d'opérations est marginalisé, où un divisionnaire compte parfois jusqu'à cinq donneurs d'ordre différents[13]. Mais désordre

13. Par exemple, la 2e Panzer est rattachée au groupe d'armées B, mais dépend tactiquement du 1er corps blindé SS. Elle demeure en contact avec le groupe blindé Ouest pour l'entraînement, de la 15e armée pour le ravitaillement et du commandement militaire du nord de la France pour les questions civiles. Enfin, l'OKW a son mot à dire dans son positionnement. Horst Boog, Gerhard Krebs, Detlef Vogel, *Germany and The Second World War*, vol. VII, *The Strategic Air War in Europe and the War in the West and East Asia 1943-1944/45*, Oxford, Oxford University Press, 2008, p. 520.

aussi jusqu'à l'échelon tactique. Le commandant de la 21e Panzer est ainsi autorisé à déployer au nord de Caen son infanterie motorisée mais pas ses chars, ce qui fait perdre toute cohérence à ses groupements tactiques. Désarroi, car l'étendue considérable à défendre, l'insuffisance des moyens et l'incapacité à anticiper le plan allié créent un casse-tête insoluble[14]. On a retrouvé dans les archives des hypothèses fantaisistes qui trahissent ce trouble, tel cet espoir de Schweppenburg de se déplacer de nuit aussi vite que de jour ou encore cette recommandation absurde de Guderian de définir une limite au-delà de laquelle les panzers ne pourraient être engagés, pour les préserver des coups de la flotte alliée[15].

14. Leleu, *Combattre en dictature…*, *op. cit.*, p. 141.
15. BAMA, RH 10/89, Gen. Insp. d ; Pz. Tr., 013/44 gK., Führervortrag, 10/05/1944, p. 1. fol. 26-32.

7

Le mur de l'Atlantique était-il de papier ?

C'est l'un des clichés les plus fameux du mur de l'Atlantique : une sentinelle garde l'entrée d'une colossale casemate équipée d'un tube de 406 mm appartenant à la batterie Lindemann près de Calais. Cette photo de la propagande nazie était supposée prouver l'invulnérabilité de cette ligne de fortification courant le long de l'Atlantique. Aujourd'hui, si la photographie demeure, sa signification a changé. Elle illustre plutôt les fantasmes d'architectes qui, à force de vouloir tout défendre, ont fini par ne plus rien défendre du tout. Et l'*Atlantikwall,* son nom allemand, a fini par rejoindre dans l'imaginaire la ligne Maginot.

Il est vrai que le bilan de cet ouvrage n'est guère flatteur. Sur aucune des plages normandes, il n'a tenu. À Utah, la résistance a été quasi nulle. Sur les plages britanniques (Sword, Juno et Gold), des percées ont été partout enregistrées en moins d'une demi-heure. Et toutes étaient nettoyées avant midi, soit quatre heures trente après le débarquement des premières troupes. Même à « Omaha la Sanglante », les Américains ont ouvert une première brèche cent cinquante minutes après la mise à terre de la première vague et, à 19 heures, la plage était sécurisée. « Les défenses ont failli, constatera un rapport de la 2ᵉ armée britannique. Aucune autre conclusion n'est possible lorsqu'on réalise qu'une heure après l'heure H les troupes de tête avaient passé les plages[1]. » Alors, le mur de l'Atlantique n'aurait-il été qu'un coûteux mur de papier ?

Coûteux, il ne l'a pas été tant que cela. Si plus de 300 000 hommes s'y affairent à partir de 1943, les ouvriers sont des soldats en garnison, des déportés sortis des camps, des requis civils étrangers et des ouvriers français, salariés de 15 000 entreprises du BTP, employés par l'organisation Todt[2]. Rares sont les bras divertis d'activités plus utiles. Il en est de même des matières premières comme le sable et le ciment. Seul l'acier aurait pu être mieux employé pour fabriquer du blindage ou des armes. Pour l'équipement, le Reich pioche pièces d'artillerie et tourelles de char dans les stocks d'armements des pays conquis, tandis que de nombreux obstacles

1. TNA, WO 285/3 : Sa, IS 3, 6.6.1944, p. 1, cité *in* Leleu, *Combattre en dictature*..., *op. cit.*, p. 157.

2. L'organisation Todt était une structure de génie paramilitaire tentaculaire créée pour superviser les grands chantiers du nazisme avant de conduire la plupart des programmes de construction militaires.

sont fabriqués à partir de matériel recyclé. Enfin, par des acrobaties financières, par exemple une sous-évaluation du franc et grâce aux indemnités journalières d'occupation versées par Vichy, le financement est à la charge de la France.

Ensuite, il faut abandonner l'idée que le Mur est comparable à la ligne Maginot. Certes, il en partage l'esprit : un chapelet de points d'appui se soutenant mutuellement, avec, dans les intervalles, des *no man's land* minés et balayés par les feux. Pourtant, le dispositif est bien plus léger. Ici, point de fort enterré avec des kilomètres de galeries et des tourelles à éclipse. Le point d'appui est un réseau de petits bunkers en surface, chacun équipé d'une arme antichar, d'une mitrailleuse ou d'un mortier et, plus rarement, d'un canon léger, reliés entre eux et à des réserves par des tranchées couvertes. Des champs de mines, des obstacles et des barbelés complètent le dispositif. En retrait se trouvent des ouvrages abritant des batteries d'artillerie destinées à frapper la flotte ou à pilonner la plage. Le but est d'accrocher l'ennemi en mer et sur la plage, de l'attirer ensuite vers des zones de feu pour le prendre sous des tirs croisés depuis des positions dominantes. Le Mur ne peut cependant tenir qu'à condition d'être complété par des troupes d'intervalles, tandis que des unités en réserve colmatent les brèches – ce qui manquera le 6 juin. Seules les cités portuaires disposent d'une ceinture fortifiée plus élaborée avec fossés antichars, complexes de galeries, garnison dédiée, batteries de canons modernes récupérés sur des navires.

Il faut aussi mesurer la performance du Mur à l'aune de sa gestation tourmentée. En 1940, on s'est d'abord contenté de mettre sous béton des canons à longue portée dans le pas de Calais, en prévision d'une invasion de la Grande-Bretagne. Puis ont été mis en défense quelques sites pouvant faire l'objet d'actions commandos britanniques (il y en eut 56 entre 1940 et 1944) et les grands ports. Ce n'est qu'en mars 1942, à cause du spectre d'une guerre sur deux fronts, que Hitler ordonne de « construire sur les côtés de l'Atlantique et de la Manche une forteresse inexpugnable[3] ». Quinze mille abris bétonnés doivent sortir de terre avant la fin 1943, afin qu'ils « puissent résister pendant un laps de temps prolongé même contre des forces ennemies supérieures ». L'échec sanglant et immédiat des Canadiens sur les galets dieppois le 19 août 1942 valide le concept. Mais la motivation réelle du Führer est autre. Face à la terrible saignée à l'Est, il échange des hommes aguerris contre du béton. « Il n'y a qu'un seul front de combat, confie-t-il à Speer en parlant du front russe, l'autre ne peut être qu'un front défensif doté de moyens insuffisants[4]. » Le futur Mur sera

3. Leleu, *Combattre en dictature…*, *op. cit.*, p. 142, et Rémy Desquesnes, *L'Histoire secrète du mur de l'Atlantique*, Rouen, Éditions des Falaises, 2003, p. 48.

4. Cité *in* Desquenes *L'Histoire secrète…*, *op. cit.*, p. 50.

occupé par des divisions statiques composées des soldats de piètre valeur et dépourvus de moyens de transport.

Dès lors, le commandant du front ouest, Rundstedt, n'a pas tort de signifier son scepticisme fin 1943[5]. En général prussien aguerri, il rechigne à disperser ses forces tout au long du littoral. Le Mur n'est pour lui qu'un amortisseur. La victoire viendra d'une puissante contre-attaque en terrain ouvert. Quant aux commandants sur le terrain, ils tiennent à conserver des réserves, afin de ne pas être démunis le Jour J. Sacrifier l'instruction au profit de l'édification des défenses accroît leurs réticences. « Le combat décisif se jouera à l'intérieur des terres[6] », juge le chef de la 15e armée. Trop peu garni, le Mur perd l'essentiel de sa valeur. Avec si peu d'enthousiasme, il n'est pas surprenant que le chantier traîne, d'autant que se greffent des querelles byzantines entre le *Heer*, la Kriegsmarine et l'organisation Todt. « Aucune idée d'ensemble ne préside à l'organisation de la défense, regrette Rommel. Les divisions ont commencé à construire des fortifications de campagne tantôt trop près de la côte, tantôt trop loin, en fonction des idées personnelles de leur chef. »

---

5. Laurent Schang, *Von Rundstedt. Le maréchal oublié*, Paris, Perrin, 2020, p. 258 et 266-267.

6. Oberbefehlshaber der 15. Armee, Ia Nr. 0176/43 g.K.Ch., 26.10.1943, p. 1 cité *in* Leleu, *Combattre en dictature…*, *op. cit.*, p. 136.

Le « Renard du désert », nommé inspecteur général des côtes, se persuade pour sa part que la bataille ne peut être gagnée que sur le littoral. « Celui qui, pendant la première phase du débarquement, n'est pas immédiatement au contact de l'ennemi ne passera jamais à l'action, étant donné la supériorité aérienne de l'adversaire. [...] Si nous ne parvenons pas dans notre mission à interdire la mer aux Alliés ou dans les premières quarante-huit heures, à les y rejeter, leur invasion réussira. » Rommel ne pense cependant pas que tenir la ligne de côte suffira. Il imagine dorénavant le Mur comme un système étagé en profondeur, jusqu'à une dizaine de kilomètres à l'intérieur des terres[7]. L'ennemi s'y enlisera, laissant le temps à des réserves blindées de monter en ligne pour le rejeter à la mer, à la nuit ou le lendemain. Aussi le maréchal allemand exige-t-il que les divisions statiques soient entièrement déployées dans cette bande littorale. Les plans des bunkers sont standardisés. En cinq mois, 4 600 ouvrages sortent de terre contre 8 500 dans les vingt-quatre mois précédents ; 517 000 obstacles sous-marins sont construits le long des côtes de la Manche. Les plages commencent à être minées, couvertes de fils barbelés, d'obstacles antichars ; 89 000 hectares de terres agricoles sont inondés pour gêner la sortie des plages. Pour déchiqueter les planeurs, des

7. Ruge, *Rommel...*, *op. cit.*, p. 30.

pieux – les « asperges de Rommel » – sont posés dans les champs.

À cette date, l'inquiétude réside moins dans le béton – quoique Rommel peste contre toutes ces batteries encore à ciel ouvert – que dans les effectifs, l'armement et les munitions. Malgré la priorité accordée depuis novembre 1943 au front ouest, l'Allemagne manque d'hommes. Si, dans le pas de Calais, on trouve un double rideau d'infanterie, en Normandie la très faible 716e DI couvre un front de 40 kilomètres avec un zèle très relatif[8]. Ces divisions ne disposent que de six à huit bataillons de mêlés, dont certains d'*Osttruppen*. Résultat : il n'y a qu'une compagnie pour garder la plage d'Utah, deux pour Sword, trois pour Juno et Gold, quatre à Omaha[9]. Ces malheureux soldats n'auront finalement pas tort quand ils affirmeront que la supériorité alliée était telle que les Anglo-Américains disposaient d'un navire à opposer à chaque Allemand. Pour aggraver les choses, le déploiement des unités n'est pas optimal. Ainsi, quand la 352e DI arrive quelques jours avant le Jour J, son commandant intrigue pour que sa division ne soit pas insérée sur une portion de littoral, ce qui réduirait le front de la 716e DI, mais soit en grande partie mise en réserve. Comme son

8. Leleu, *Combattre en dictature…*, *op. cit.*, p. 157.

9. Stephen Badsey, « Culture, controversy, Caen and Cherbourg », *in* J. Buckley (dir.), *The Normandy Campaign, Sixty Years on*, Londres, Routledge, 2006, p. 53.

supérieur, le 84e corps, dont l'état-major compte des vétérans du front russe, cherche à conserver de puissants moyens de contre-attaque, il obtient gain de cause et les deux tiers de son infanterie campent à plusieurs heures de marche de la côte. Celle-ci manquera cruellement à Omaha.

Les armements font eux aussi largement défaut. Rommel ne reçoit que 400 000 mines par mois, loin des 2 millions attendues. Sur les 4 300 pièces d'artillerie du Mur, 85 % sont d'origine française, russe ou tchèque... posant d'insolubles problèmes d'approvisionnement en munitions – certains obus ne sont plus fabriqués. En conséquence, le Jour J, les feux sont rationnés sans empêcher que toute l'artillerie se taise en milieu de journée[10]. Au fond, les Allemands sont confrontés à la démesure de leur projet. Impossible d'avoir assez d'équipements pour couvrir 4 000 kilomètres de côtes (en comptant le littoral norvégien). Même bien dotée, la 7e armée en Basse-Normandie ne dispose pas d'un canon par kilomètre de littoral (150 pièces), et les équipements optiques indispensables pour battre des cibles marines manquent. Les obstacles qui demeurent immergés à marée basse – les plus dangereux pour les chalands – n'ont pas été posés. Les Allemands sont dépassés par l'ampleur de la tâche. Les Alliés profiteront, à la sortie des plages, des couloirs qui avaient été laissés libres de mines pour permettre aux ouvriers d'accéder aux chantiers.

10. Leleu, *Combattre en dictature...*, *op. cit.*, p. 147.

En bien des endroits, le Mur est inachevé le jour du Débarquement.

En outre, l'épreuve du feu a été parfois mal supportée. Si les positions bétonnées ont presque toutes résisté au bombardement naval, certaines ont été recouvertes de terre et de gravats, obligeant leurs personnels à s'exposer pour les dégager. Les fortifications légères en rondins, des obstacles improvisés, des tranchées, des réseaux de barbelés ont été disloqués. Ces aléas étaient pourtant connus depuis la Première Guerre mondiale. Les rapports *a posteriori* des Alliés ont conclu à un déficit flagrant d'expertise des Allemands dans l'élaboration de fortifications côtières[11]. À cela, il faut ajouter l'éloignement des forces blindées. Hormis à l'extrémité est du front, les défenseurs ont été abandonnés à eux-mêmes. Évaluer l'efficacité du Mur n'a de sens qu'à condition d'intégrer ce retard. Simple alarme contre des commandos, muraille infranchissable, amortisseur : le Mur a trop souvent changé de statut pour que, en 1944, il soit un dispositif cohérent et équilibré. La guerre est également une dialectique. Les Britanniques ont inventé des contre-mesures. Pour éviter les pièges sous-marins, ils ont débarqué à mi-marée montante. Ils se sont dotés de chars Churchill lance-pétards, équipés d'un mortier lourd pour détruire les bunkers, de chars porte-fascine pour

11. BAMA, RH 1 1-III/99, fol. 73-77 : Armeepionnierführer beim AOK 7, Nr. 1739/44g, 30.06.1944.

combler les fossés, et de chars démineurs. Leur absence en secteur américain a d'ailleurs rendu la prise d'Omaha difficile. Pour éviter de débarquer près d'un grand port très fortifié, ils ont apporté avec eux des ports artificiels et ainsi déjoué le système défensif allemand.

Faudrait-il en conclure à un gâchis allemand ? L'existence de fortifications bien garnies a tout de même persuadé l'état-major allié de renoncer à débarquer dans le pas de Calais. En choisissant la Normandie, ils ont allongé leur route jusqu'en Allemagne. Le Mur les a contraints à des préparatifs et à une accumulation de moyens très supérieurs à ceux jugés initialement nécessaires. Surtout, la transformation des villes portuaires en véritables forteresses a considérablement freiné les Alliés. Les conquêtes de Brest, Le Havre, Calais, Boulogne et des bouches de l'Escaut ont exigé d'immenses moyens. Saint-Nazaire, Lorient, Royan ou Dunkerque n'ont jamais été libérées. Leur logistique en a souffert. C'est peut-être trois mois après le Jour J, et dans cette configuration imprévue, que le mur de l'Atlantique a été le plus utile aux Allemands. Sans les forteresses, il est possible que la guerre se soit terminée avant Noël 1944.

8

« Monty » a-t-il joué juste ?

La planification et la mise en œuvre du plan de campagne en Normandie furent le fait du commandant en chef provisoire des forces terrestres alliées, le général britannique Sir Bernard Law « Monty » Montgomery. Depuis lors, ce plan directeur n'a cessé d'alimenter la polémique la plus vive autour de la bataille. D'un côté, Montgomery s'est toujours félicité : « Je n'eus jamais une seule fois à modifier mon plan[1]. » De l'autre, les Américains ont critiqué les errements du Britannique, incapable de prendre Caen dans un délai raisonnable et faisant supporter l'essentiel du poids (et du sang) de la bataille aux seules forces américaines. Elles seules, par leurs initiatives, leur courage et leur savoir-faire, auraient permis la percée décisive, sauvant par la même occasion Montgomery d'un échec cuisant. « Overlord » a donc failli dérailler,

1. Bernard L. Montgomery, *De la Normandie à la Baltique*, Paris, Charles Lavauzelle, 1948, p. 22-23.

mais l'US Army a su remettre l'opération sur les rails. La vérité se situe entre les deux.

Le 24 décembre 1943, le commandant de la 8e armée britannique en Italie reçoit un câble secret l'informant qu'il prend les rênes des forces terrestres impliquées dans « Overlord ». À peine arrivé, le 3 janvier, « Monty » se fait présenter les esquisses préparées par l'équipe du COSSAC, l'état-major interallié mis sur pied pour préparer le Débarquement. Il écoute religieusement avant de se lever et de pointer dans un style cassant les faiblesses du plan. La force d'assaut (trois divisions en première vague et deux l'après-midi ainsi qu'une division aéroportée) est trop légère, la zone d'assaut est trop étroite, les renforts vont s'y embouteiller et elle est trop éloignée de Cherbourg. La tête de pont deviendra une souricière dont on ne sortira pas. Il faut tout reprendre. Théâtral, « Monty » se pose en sauveur. Que n'allait-on au désastre sans son coup d'œil !

Certes, ses commentaires sont frappés au coin du bon sens, car ce premier plan est irréaliste, mais il omet de dire qu'il l'a étudié depuis dix jours après en avoir récupéré une copie ! Il se garde bien également de rappeler qu'avant lui, Churchill, Brooke, Marshall et – peut-être – Eisenhower avaient déjà émis des doutes sur le format, tout comme il feint d'ignorer les contraintes logistiques en matière de transport maritime et aérien qui ont été imposées aux officiers du COSSAC, les obligeant à leur corps défendant à borner le débarquement à trois divisions et aux seules plages du Calvados (Omaha, Gold et Juno)[2].

« Monty » balaie ces contraintes et se fait fort d'obtenir des moyens supplémentaires. Le plan est remanié : deux plages sont ajoutées aux extrémités – Sword à l'embouchure de l'Orne et Utah à la base du Cotentin bien plus près de Cherbourg. Six divisions donneront l'assaut le matin, suivies de deux autres l'après-midi, et trois divisions aéroportées couvriront les flancs. Les officiers du COSSAC sont humiliés. Dans les jours suivants, « Monty » en écarte plusieurs, jugés « plutôt inutiles[3] ». Ces derniers, finalement recyclés par Eisenhower, n'auront de cesse de se venger de lui.

La tâche de Montgomery ne se borne pas à diriger l'assaut initial. Le SHAEF lui donne mission d'établir en trois mois une base solide disposant des ports et de la superficie nécessaire au déploiement

2. Chandler (éd.), *The Papers of…*, *op. cit.*, p. 1653, et Gordon A. Harrison, *Cross-Channel Attack*, Washington, CMH, 1951, p. 165-167. La paternité du remaniement du plan fait l'objet de vives polémiques. Montgomery a, dès 1944, affirmé en avoir pris seul l'initiative, ce que conteste Eisenhower en 1946. « Ike » écrit alors se souvenir d'avoir informé « Monty » fin décembre 1943 des défauts du plan et de l'avoir mandaté auprès du COSSAC pour le remanier. Parole contre parole, aucune archive ne permet de trancher. D'Este, *Histoire du débarquement*, *op. cit.*, p. 61, et Nigel Hamilton, *Monty, Master of Battlefield 1942-1944*, Londres, Sceptre, 1987 (1re éd. 1985), p. 475-485.

3. Lettre du 22 janvier 1944, cité *in* Hamilton, *Monty…*, *op. cit.*, p. 528.

des forces indispensables à une marche au Rhin. Le 9 avril, « Monty » révèle son plan directeur, son *Master Plan*, en grande pompe. Il explique devant une immense carte que sa priorité sera d'avancer le plus possible le Jour J afin d'avoir le maximum de profondeur pour amortir la probable contre-attaque de Rommel. La priorité sera ensuite de prendre le port de Cherbourg, mission attribuée à la 1re armée américaine d'Omar Bradley. Pendant ce temps, la 2e britannique de Miles Dempsey attaquera avec le plus d'agressivité possible au sud de Caen pour faire croire à l'ennemi qu'elle cherche à déboucher de la tête de pont en direction de Paris. Le but est d'y attirer les réserves de Rommel pour faciliter la progression américaine. Une fois Cherbourg tombée, le moment critique sera passé. Les deux armées alliées progresseront de concert, vers le sud et le sud-est. Il n'est plus question d'appât britannique, les armées avanceront dans un même élan. Les Américains pénétreront en Bretagne, idéalement en juillet, avec la 3e armée de Patton, tandis que les forces britanniques et canadiennes pivoteront en direction de la Seine et que la 1re armée américaine occupera la trouée entre Paris et Orléans. L'ensemble des opérations devra s'achever fin août avec la conquête d'une zone délimitée par la Seine, Paris, Orléans et la Loire[4]. Chaque étape est illustrée sur la carte par

4. Allocution de Montgomery adressée aux officiers généraux. Archives présidentielles Eisenhower, bibliothèque

des lignes et séquencée de J + 17 pour la prise de Cherbourg jusqu'à J + 90. Les opérations au-delà de la Seine ne sont pas de son ressort mais de celui de l'état-major d'Eisenhower.

Ce plan, inspiré de l'ébauche du COSSAC, n'a alors pas été contesté. On ne peut en dire autant de son exécution. Montgomery estime l'avoir suivi et réussi au-delà des espérances. La contre-offensive de Rommel a été empêchée, les panzers ont été aspirés par Dempsey, facilitant ainsi la prise de Cherbourg et, malgré un enlisement d'un mois, les Alliés ont conquis la zone entre Seine et Loire avec dix jours d'avance sur le calendrier. Mieux, au lieu de laisser un ennemi bien retranché derrière les fleuves, les Alliés ont partout franchi la Seine. Paris est libérée intacte. À J + 90, Patton dort à Verdun et Dempsey à Amiens ! Avec le recul, Montgomery était visionnaire quand il écrivait à Eisenhower en juillet que « pour résumer, je pense que la bataille se déroule très bien[5] ».

Cette confiance ostentatoire et orgueilleuse n'était pourtant pas partagée, ni au sein du SHAEF, ni par ses subordonnés américains, ni par la presse américaine, inquiets alors de l'enlisement. Toutes les opérations autour de Caen étaient interprétées comme autant d'improvisations, des preuves

---

Eisenhower, cité *in* D'Este, *Histoire du débarquement, op. cit.*, p. 80-84.

5. Lettre de Montgomery à Eisenhower, 8 juillet 1944, cité *in* Hamilton, *Monty…, op. cit.*, p. 720.

du désarroi du Britannique. Attaque surprise (6 juin), attaque frontale (7-9 juin), attaque de flanc (« Epsom », 26-30 juin), assaut d'infanterie soutenu par des chars (« Charnwood », 7-9 juillet), attaque de chars (« Goodwood », 18-20 juillet), soutenus ou non par des tapis de bombes : rien n'était passé ! Finalement, les Alliés s'étaient extirpés du bocage grâce aux Américains. Bradley avait percé le 25 juillet au sud de Saint-Lô (opération « Cobra »). Et, comme un élastique subitement libéré, l'armée de Patton s'était engouffrée dans la brèche, déferlant en Bretagne avant de prendre à revers les deux armées allemandes.

Depuis, le débat n'a jamais été clos pour la bonne et simple raison que les partisans et les adversaires de « Monty » ne parlent pas de la même chose. Les premiers insistent sur la ligne directrice claire, ils parlent « macro ». Les seconds sont focalisés sur les échecs tactiques et les tâtonnements bien réels d'un Montgomery et d'un Dempsey qui cherchaient à concilier agressivité et maîtrise des pertes humaines (*cf.* chap. 15). Les « anti-Montgomery » ont fait de la prise de Caen un objectif en soi, alors que sa conquête n'était pas indispensable dès lors que la percée était obtenue côté américain. Il est vrai que le Britannique prêtait le flanc à la critique en annonçant toujours sa libération prochaine et en laissant circuler, voire en alimentant personnellement, des rumeurs de percée côté britannique – rumeurs toujours déçues.

Quand ses détracteurs disent que le plan ne s'est pas déroulé comme prévu, ils n'ont pas tort. La progression régulière avec des Américains et des Britanniques au coude à coude n'a pas été possible et il a bien fallu que Montgomery s'adapte. Il le fit à trois reprises, la première fois, dans sa directive du 30 juin, quand il renonce à l'avance sur toute la ligne de front au bénéfice d'une percée côté américain, en profitant que l'essentiel des forces blindées ennemies soit côté britannique[6]. À cette date, six divisions de panzers totalisant 61 bataillons de mêlée (chars, chasseurs de chars, infanterie motorisée, reconnaissance et génie) et 475 chars opérationnels font face à Dempsey contre une division blindée, une mécanisée et quelques parachutistes d'élite face à Bradley (29 bataillons de mêlée et 170 blindés)[7]. Bien que la percée ait tardé – les Américains piétinant vingt-cinq jours dans le bocage –, Montgomery s'y est accroché, persuadé qu'à force d'user l'ennemi, les Américains finiraient par y arriver. Et il a réussi à fixer en secteur britannique le gros des panzers allemands. Le 25 juillet, seule la *Panzer Lehr,* qui était en réserve le 1er juillet, a rejoint le front américain. Des DB ont pourtant été relevées, mais toutes ont été conservées en second rideau

6. TNA, WO 229/72, directive M505 du 30/06/1944.

7. Zetterling, *Normandy 1944*, *op. cit.* Une dernière division, la *Lehr,* est en réserve avec 9 bataillons de mêlée et 96 chars opérationnels. Ne sont pas comptabilisées les DI.

au sud de Caen. On pourrait rétorquer, non sans raison, que le bocage en secteur américain est une telle plaie qu'il était naturel pour les Allemands de ne pas y fourvoyer leurs panzers. Certes, mais dans ce cas, le secteur américain aurait dû recevoir l'essentiel des renforts d'infanterie. Or ce n'était pas le cas. Entre le 1er et le 25 juillet, cinq DI sont envoyées en secteur britannique contre deux en secteur américain.

Mais cette modification bienvenue du schéma directeur qui aurait dû rester comme une preuve de souplesse a été occultée parce que Montgomery lui-même a toujours nié qu'il y ait eu le moindre amendement.

Ses adversaires en ont fait leur miel. Son obstination et ses arrangements avec la vérité ont facilité la construction d'une contre-histoire ; une histoire où la bataille de Normandie est réduite à une série de coups portés à gauche et à droite de manière désordonnée dans l'espoir de percer[8]. Les Britanniques s'enferrant (« Epsom », « Goodwood », « Totalize ») et les Américains réussissant grâce à l'intelligence du planificateur Bradley et à la *vista* des exécutants Collins et Patton. Ce récit ne tient qu'en réduisant

8. Les défenseurs de cette thèse confondent souvent les intentions de Montgomery avec celles de son subordonné Dempsey, plus ambitieux, et prennent pour argent comptant des déclarations à la presse, comme si en guerre les généraux étaient sincères. Martin Blumenson, *La Libération*, Athis-Val de Rouvre, Charles Corlet, 1993, p. 264-266, et D'Este, *Histoire du débarquement*, *op. cit.*, p. 356-370.

Montgomery à son seul poste de commandant des forces britanniques, et en niant son rôle de chef d'orchestre. Ainsi, l'histoire officielle américaine prétend qu'au moment où « Cobra » a déchiré le front, Bradley aurait, à la vue de la déconfiture allemande, pris l'initiative d'envoyer l'armée de Patton galoper vers l'est afin de détruire les armées ennemies, ne libérant la Bretagne qu'avec un seul corps d'armée[9]. Cette thèse ne tient pas. Toutes les directives de Montgomery à partir du 30 juin (quatre semaines avant « Cobra ») ordonnent déjà que la Bretagne ne soit libérée que par un seul corps[10]. C'est également son état-major qui, dès le 29 juillet, propose de profiter de la percée pour ne pas se contenter d'établir une base entre Loire et Seine, mais tenter de détruire l'armée allemande au sud de la Seine et traverser le fleuve avant que l'ennemi n'ait eu le temps de s'organiser[11]. C'est ce jour-là qu'a eu lieu une deuxième inflexion du plan directeur. « Monty » confirme le 2 août que « la grande idée sera de pousser l'ennemi contre la Seine et d'y obtenir une apothéose », comprendre l'y écraser, car il n'imagine pas l'Allemand capable

9. Omar Bradley in *A General's Life*, New York, Touchstone, 1984, p. 290.

10. TNA, WO 229/72, directive M505 du 30/06/1944 martelée dans les M510, 10/07/1944, M512, 21/07/1944, M 515, 27/07/1944.

11. National Archives & Records Administration (NARA), SHAEF Papers, 21st Army group/20748/G (Plans), 29/07/1944.

de franchir le grand fleuve privé de tous ses ponts en aval de Paris[12].

Il y a cependant bien un épisode durant lequel Montgomery se fourvoie : le chaudron de Falaise. Bradley a compris, dès le 8 août, que la contre-attaque allemande de Mortain laissait les meilleures divisions ennemies coincées dans une nasse qu'il était facile de refermer par un mouvement en mâchoire : du nord les forces britanniques, du sud les divisions de Patton, avec une jonction au sud de Falaise. L'encerclement serait plus rapide et aisé que de coincer les Allemands contre la Seine. Il serait plus étanche également. Montgomery s'y rallia, mais ne sembla pas y croire et finalement maintint ses deux fers au feu : il engagea le court encerclement mollement tout en veillant à disposer ses forces de manière à pouvoir marcher sur la Seine[13]. Le résultat fut une série de manœuvres aussi complexes que mal exécutées qui laissa une partie des armées allemandes s'échapper, entre autres parce que la Seine n'était pas l'obstacle infranchissable qu'il avait imaginé (*cf.* chap. 22).

Un principe directeur a donc bel et bien été suivi, celui de ne jamais laisser les Allemands reprendre l'initiative, de les obliger à danser sur le tempo allié, de chercher à les déséquilibrer, à les user jusqu'à ce qu'ils tombent en veillant à

12. Cité par Hamilton, *Monty...*, *op. cit.*, p. 758.

13. Martin Blumenson, *La Bataille des généraux*, Athis-Val de Rouvre, Charles Corlet, 1995, p. 180.

garder soi-même les deux pieds ancrés au sol, ce qui passait par la priorité accordée à l'amélioration de la situation logistique (prise de Cherbourg) sur la libération immédiate du territoire. En revanche, la configuration tactique a amené par trois fois à adapter le plan, les deux premières avec bonheur, la troisième beaucoup moins, laissant un goût d'inachevé. Nonobstant son caractère impossible et sa communication déplorable, la performance militaire de « Monty » a été admirable. Il a conduit la bataille de Normandie avec cohérence et souplesse jusqu'à la veille de la bataille de Falaise. Il n'a pas volé son bâton de maréchal, le 1er septembre.

9

Les opérations aéroportées ont-elles été utiles ?

La réponse semble évidente. Pourtant, la pertinence des actions aéroportées est aujourd'hui contestée. Que leur reproche-t-on ? D'abord, d'avoir siphonné le vivier de bons fantassins, les plus débrouillards et les plus affûtés[1]. Puis, d'avoir coûté une fortune. Imaginez, le largage anglo-américain en Normandie a exigé 1 200 avions de transport, 500 planeurs « Waco » et « Horsa ». Or chaque planeur, qui n'emportait au mieux qu'une Jeep et un canon léger et était à usage unique, coûtait le prix d'un ou deux chars Sherman. Enfin, l'arme aéroportée est une épée si fine qu'elle se brise à chaque saut, avec en moyenne 30 % de pertes[2]. Le largage de 24 000 paras en Normandie

1. Paul Nobbe, *Mass Vertical Envelopment (Airborne) Operations*, Storming Media, 2002, p. 12.

2. 30 % pour les Allemands en Hollande en 1940, 41 % lors de l'invasion de la Crète en 1941 et même plus de 50 % pour les Soviétiques à Viazma en 1942.

le 6 juin – alors le plus grand de l'Histoire – n'est-il pas à classer dans cette catégorie des « victoires à la Pyrrhus » comme le soutiennent Paul Nobbe et Marc de Vore, chercheurs à l'université de Monterey et à celle de St Andrews[3] ?

La 6e division parachutiste britannique saute à l'est de la tête de pont. Sa participation est souvent réduite à la prise intacte du Pegasus Bridge[4]. Vision réductrice. Elle a ordre d'occuper une aire de 100 km², 10 kilomètres de côté, entre l'Orne et la Dives pour éloigner la menace allemande de Sword Beach, en faisant sauter les ponts sur la Dives et en établissant des positions antichars au sud. En bref, la division doit élever un rempart. La mission comporte, en plus, deux actions commandos : la destruction des casemates d'artillerie de Merville et la célèbre prise des deux ponts qui enjambent l'Orne et un canal qui lui est parallèle. Sans ces ponts, les paras se retrouveraient isolés. Les deux actions commandos sont des succès, même s'il faut surmonter d'immenses obstacles pour prendre la batterie et y découvrir qu'elle abrite des pièces de 100 mm bien moins mortelles pour la flotte que les 150 mm annoncés. Pendant

3. Marc de Vore, « The Airborne Illusion : Institutions and the Evolution of Postwar Airborne Forces », *The Security Studies Program*, MIT Pub., 2004, p. 6.

4. Il s'agit du nom reçu après-guerre par le pont de Bénouville, qui franchit le canal de Caen à la mer, en l'honneur des parachutistes dont le cheval ailé Pégase était l'emblème.

ce temps, sept bataillons font sauter les ponts sur la Dives, se retranchent et repoussent des contre-attaques. Au soir, 650 paras manquent – 10 % des effectifs. L'opération a facilité la progression depuis Sword Beach en distrayant une partie de la 21e Panzer. Elle étire la défense allemande et ouvre des options offensives. Mais, par manque de mobilité et de punch, la division n'a pas étendu son périmètre vers le nord, comme prévu, laissant le littoral aux Allemands avec vue sur Sword Beach[5]. La plage sera harcelée par l'artillerie au point d'être fermée le 25 juin[6].

Les deux divisions américaines (82e et 101e Airborne) ont une mission plus offensive à l'autre extrémité de la tête de pont, dans le Cotentin. À l'origine, le plan ne prévoyait pas de débarquement dans la péninsule. Mais Montgomery et Eisenhower voyaient bien qu'il serait très compliqué de prendre Cherbourg en partant d'Omaha. La plage d'Utah Beach a donc été ajoutée. De là, le 7e corps US doit prendre Cherbourg avant le 17e jour. Il doit en même temps se connecter à Omaha en attaquant Carentan au sud. Mais le terrain a tout d'une souricière. Une fois passé le

---

5. Allan Jefferson, *Assault on the Guns of Merville*, Londres, John Murray, 1987, et Peter Harclerode, *« Go to it », The Illustrated History of the 6th Airborne Division*, Caxton Editions, 1990.

6. Air Historical Branch, *The Liberation of North West Europe*, vol. 4, *The Breakout and the Advance to the Lower Rhine, 12 June to 30 September 1944*, p. 10.

cordon dunaire, il faut traverser des marais littoraux sur des levées avant d'accéder à une plaine basse bocagère, elle-même ceinte d'un réseau de marécages sillonné de cours d'eau (Merderet, Douve). L'opposition est consistante avec six bataillons dont trois d'élite du 6e régiment de parachutistes allemands, soit 7 000 hommes dans un rayon d'une dizaine de kilomètres, et derrière dorment trois divisions d'infanterie en garnison autour de Cherbourg. Voilà pourquoi il est décidé de larguer les paras. Ils offriront de la profondeur tout en prenant des carrefours comme Sainte-Mère-Église, des ponts, plusieurs sorties de plage afin de dérouler un véritable tapis sous les pieds des GI. Autre vertu, comme la difficulté d'un débarquement réside notamment dans la capacité physique à débarquer un nombre suffisant d'hommes au plus vite, disposer de ces 16 000 fières poitrines dès le premier jour sera une aubaine pour le 7e corps.

Hélas pour eux, « la nuit la plus longue » provoque une terrible casse. La moitié des éclaireurs largués à minuit pour installer des balises de guidage radio sont éliminés par des patrouilles ou se perdent. Brouillard, vent et Flak – qui persuadent les pilotes, la plupart inexpérimentés, de s'écarter, de louvoyer, d'accélérer – se conjuguent pour ruiner un peu plus les sauts. Moins de 13 % des paras se posent à l'endroit prévu, la moitié dans un rayon de 3 kilomètres… les autres sont perdus dans la pampa (ou plutôt dans le bocage) ; 8 % tombent à plus de 13 kilomètres, certains se noient dans la Manche ! Le bilan n'est pas meilleur pour les planeurs, qui se fracassent contre les haies. Dix-huit des 32 canons antichars et 33 des 47 Jeep sont irrécupérables[7]. Les « Horsa » méritent leur surnom de *hearses*, « les corbillards ». La nuit est consacrée à se regrouper, par paquets de 10 à 100. Une seule sortie de plage est prise sur quatre. Le tapis espéré n'est qu'une vieille toile déchirée et mitée, ce dont profite un bataillon d'*Osttruppen* géorgiens, coincé entre les paras et les GI, pour ralentir l'avance américaine. Le soir même, ces derniers accusent un déficit de 8 kilomètres en direction de Cherbourg. La batterie de Crisbecq et ses canons de 210 mm au nord d'Utah Beach n'est pas prise. Elle fera l'objet de furieux combats dans les jours suivants. À l'ouest, la route surélevée qui enjambe le marais et le Merderet n'est pas sécurisée et, au sud, aucun pont sur la Douve n'a été saisi. Soixante pour cent des paras manquent encore également à l'appel[8]. Paul Nobbe en conclut que ceux-ci n'ont pas rempli leur mission. Il est finalement très heureux que l'assaut amphibie sur Utah se soit bien déroulé. La mer y était plus calme qu'ailleurs et des erreurs de navigation ont conduit par hasard la première vague sur une zone mal défendue. Cinquante-huit GI seulement ont

7. John C. Warren, *Airborne Operations in World War Two, European Theater*, USAF, Historical Division Research Studies Institute, Air University, 1956, p. 61-68.

8. *Ibid.*, p. 58.

été tués et blessés sur la plage. Des éléments de tête l'ont quittée en moins d'une heure, et à midi trois régiments étaient opérationnels.

Pendant trois jours, le temps de retrouver les disparus et de percevoir de l'artillerie et des chars débarqués à Utah, les paras ne disposent pas de la masse critique pour nettoyer les îlots de résistance. Même si les Allemands s'épuisent dans de stériles contre-attaques, ils profitent de ce délai pour reconstituer un front. Élargir la tête de pont exige alors plus d'efforts et de sang. La chaussée sur le Merderet n'est ouverte que le 9 juin après une charge héroïque et à grand renfort d'artillerie et de chars. Carentan n'est conquise que le 12 et, là encore, rien n'aurait été possible sans la participation des unités lourdes débarquées à Utah. Pour Nobbe, seule la mollesse allemande a évité le désastre, et si les paras ont par endroits facilité l'assaut amphibie, le gain est hypothéqué par le prix du sang : 2 500 pertes le 6 juin et des centaines d'autres les jours suivants, autant que celles subies sur « Omaha la Sanglante »[9].

Certes, les paras n'ont pas été aussi efficaces qu'escompté. Pour autant, la charge est excessive. L'équité faite avec Omaha est fausse, car Nobbe y minore les pertes de moitié (en fait, 4 710) et même si 2 500 paras hors de combat (14 % de pertes) est un bilan élevé, cela reste inférieur aux autres opérations aéroportées de la guerre.

---

9. Nobbe, *Mass vertical Envelopment*, *op. cit.*, p. 14.

De toute façon, comparaison n'est pas raison. Le sacrifice des parachutistes doit être mesuré à l'aune de la création d'une tête de pont profonde de 13 kilomètres. La dispersion a eu une vertu insoupçonnée : elle a nourri la psychose chez l'ennemi. Les paras ont été signalés dans toute la péninsule. Tandis que des compagnies allemandes nettoyaient des secteurs vides, d'autres, se croyant en zone sécurisée, tombaient dans des guet-apens. La confusion était totale, d'autant que l'absence de deux divisionnaires sur trois, partis la veille à Rennes, n'aida pas à la prise de décision. L'un d'eux est d'ailleurs tombé dans une embuscade sur le chemin du retour, aggravant un peu plus le chaos[10]. La prise rapide de Sainte-Mère-Église a privé les Allemands d'un axe majeur pour faire converger des renforts. Sans les paras, la tête de pont aurait été bien plus étroite au soir du Jour J, et la défense plus dense. Or il n'a manqué que vingt-quatre heures pour que la 17e division mécanisée SS renforce Carentan avant que la ville ne tombe. À partir de là, la jonction entre Utah et Omaha aurait été difficile et la prise de Cherbourg retardée, freinant de plusieurs semaines la campagne. D'autant plus que, dans un scénario sans parachutistes, le général Collins, le chef du 7e corps, aurait été privé de 16 000 hommes.

---

10. Antony Beevor, *D-Day et la bataille de Normandie*, Paris, Calmann-Lévy, 2009, p. 81-84.

L'emploi des parachutistes le 6 juin illustre finalement de leur bon usage. Ils ont été utiles parce que le commandement a limité ses ambitions à des coups de main et à des engagements certes massifs mais réalisés à quelques encablures des plages. Il est d'ailleurs heureux que l'état-major ait rapproché la 82e Airborne d'Utah quelques jours plus tôt en découvrant la présence de la 91e DI sur la zone de saut initiale. L'opération du 6 juin aurait dû être un avertissement pour les partisans d'opérations plus ambitieuses, dites d'enveloppement vertical. On y repère trop de variables qui viennent dérégler l'horlogerie : l'absence de visibilité et le vent qui disperse les largages, l'absence de mobilité une fois au sol, faute de véhicules, celle de moyens de télécommunication performants et d'armements lourds. Outil tactique, les aéroportés ne sont pas une arme de décision opérationnelle. Incapable de l'admettre, Montgomery pestera contre les aviateurs qui refuseront de larguer à la hussarde la 1re aéroportée britannique au sud de Caen au milieu des panzers quelques jours plus tard. En septembre, il aura gain de cause pour la désastreuse opération « Market Garden[11] ».

---

11. Le 17 septembre 1944, Montgomery tente de forcer le verrou du Rhin par surprise en larguant un tapis de 35 000 parachutistes sur plus de 100 kilomètres de profondeur avec mission de saisir intacts une dizaine de ponts. Cette opération échoue au pied du dernier, Arnhem, indispensable au succès de l'entreprise.

10

À Omaha, les soldats du Reich ont-ils été particulièrement coriaces ?

Utah Beach, soir du 6 juin, la 4e DI américaine pleure moins de 200 tués et blessés, dont 12 tués sur la plage. Gold Beach, 400 pertes, Sword, 630. À Juno, les Canadiens ont souffert davantage : 961 pertes, dont 319 tués[1]. Partout, en moins d'une heure trente, les plages n'étaient plus sous la menace que de l'artillerie. Si quelques défenseurs ont résisté avec détermination, d'autres se sont rendus ou ont fui après un simple échange de tirs. En revanche, à Omaha, 4 710 soldats et marins sont tombés, dont un millier mortellement touchés[2]. La moitié de la première vague a été mise hors de combat en quelques minutes. Chacun

1. Claude Quétel (dir.), *Dictionnaire du Débarquement*, Rennes, Ouest-France, 2011.

2. Joseph Balkoski, *Omaha Beach. D-Day, June 6, 1944*, Mechanigsburg, Stackpole Books, 2004.

a en tête les images terribles de cette boucherie. Les hommes couchés par les rafales, disloqués par les explosions, noyés engoncés dans leur barda. La mer qui se colore de sang. Les blessés agonisant. Omaha incarne le sacrifice de la jeunesse américaine. Capa l'a saisi, Ryan l'a restitué, Spielberg l'a reconstitué, nous léguant une mémoire sensorielle rare. Mais ce regard, pour légitime et nécessaire qu'il soit, a obscurci toute tentative de compréhension de la bataille : pourquoi le Débarquement y a-t-il été aussi sanglant ?

Pour les Américains, les GI ont été les victimes d'une faillite des renseignements. Au lieu de tomber sur quelques compagnies de quadragénaires bedonnants relevant de la médiocre 716e DI, ils ont dû faire face en plus à la 352e DI, une division de vétérans du front de l'Est appuyée par tout un régiment de Flak (36 pièces de 88 mm). Même de remarquables historiens colportent cette légende[3]. Rien n'est plus exagéré et mensonger, mais l'explication avancée dès le Jour J, puis reprise par la presse et le service historique des armées américaines, est commode. Elle permet de se dédouaner.

3. « C'étaient maintenant deux divisions complètes qui se trouvaient déployées autour d'Omaha », dont une « division particulièrement chevronnée ». Et pour faire bonne mesure, les versants deviennent « des falaises à pic » (D'Este, *Histoire du débarquement, op. cit.*, p. 119) ; Wieviorka, *Histoire du débarquement en Normandie, op. cit.*, p. 227 ; Russell Weigley, *Eisenhower's Lieutenant*, Bloomington, Indiana University Press, 1991, p. 80.

La révélation de l'existence des services de renseignement « Ultra » en 1974 offre une excuse encore plus facile : « Ultra » s'est fourvoyé. Or ce service est britannique, donc le bain de sang est la faute des Anglais, CQFD. En fait, le 6 juin, dans les environs campent cinq compagnies de la 716ᵉ DI et seulement deux de la 352ᵉ, ainsi que trois groupes d'artillerie et demi, soit 1 500 fantassins et artilleurs contre… 34 000 GI[4]. Six cents renforts allemands arriveront en cours de journée. Point de régiment de Flak – cantonné plus au sud –, pas de troupes de choc, aucun blindé. De plus, leur présence avait été rapportée par « Ultra » dès le 3 mai 1944[5]. Le commandement n'avait pas alors jugé nécessaire de remanier ses plans (à raison, d'ailleurs).

À la tête de ce secteur, le général Kraiss, installé à 15 kilomètres du littoral, est vite submergé d'informations contradictoires le 6 juin. N'osant monter au front pour se faire sa propre idée, il tergiverse, et quand il exige une contre-attaque en fin de matinée, il est trop tard. Elle se limitera à quelques actions décousues. Fautif pour avoir

4. Les 2ᵉ, 3ᵉ, 9ᵉ, 10ᵉ et 11ᵉ compagnies du 726ᵉ régiment d'infanterie (716ᵉ DI), les 5ᵉ et 8ᵉ compagnies du 916ᵉ régiment (352ᵉ DI), les 1ᵉʳ et 4ᵉ groupes d'artillerie de la 352ᵉ DI, le 2ᵉ groupe d'artillerie de la 716ᵉ DI et la moitié du 1260ᵉ groupe indépendant. Georges Bernages, *Omaha Beach*, Saint-Martin-des-Entrées, Heimdal, 2001, p. 20-26.

5. Christophe Prime, *Omaha Beach*, Paris, Tallandier, 2011, p. 45.

avant le Jour J préféré conserver d'importantes réserves, timoré ensuite, Kraiss n'a pas été aidé par ses subordonnés, encore plus passifs. La supériorité aérienne alliée prétextée n'est qu'un mensonge, les nuages bas empêchant l'essentiel des chasseurs-bombardiers d'agir jusqu'en début d'après-midi.

En revanche, ce qui est vrai, c'est que le Mur y est solide. La plage elle-même est dominée par 14 points d'appui de trois à six casemates bétonnées cerclées de mines et de barbelés. Au total, deux pièces de 88 mm, cinq de 75 mm et trois de 50 ainsi que 28 mortiers et surtout 85 mitrailleuses croisent leurs feux. Les cinq sorties – des vallons assez étroits et abondamment minés – sont barrées par des fossés antichars ou des murs en béton de deux mètres de haut. Les Allemands l'ont construit récemment, selon un plan cohérent. Quelques kilomètres en retrait, une quarantaine de pièces d'artillerie et une trentaine de lance-roquettes attendent pour pilonner l'assaillant[6]. Gold et Juno, d'une longueur à peine inférieure, ne sont défendues que par quatre positions bien armées (huit canons à Gold, sept à Juno). À Utah, il n'y a qu'un seul point d'appui (à six canons).

Pour autant, cela n'en fait pas une position infranchissable. Hormis pour les mitrailleuses, la densité du feu y est moindre que sur les îles du Pacifique. En plusieurs points, le Mur est inachevé : secteurs non minés, réserves d'obus incomplètes,

6. Bernages, *Omaha Beach*, *op. cit.*, p. 27-63.

blockhaus en chantier ou non armés. Surtout, il n'y a que 800 soldats pour défendre 7 000 mètres de plage ! Dans les tranchées en 1916, il y en aurait eu presque dix fois plus. Le gros des sept compagnies présentes cantonne dans les villages à plusieurs centaines de mètres de la plage. Dès lors existent des intervalles vides entre les points d'appui. Pour finir, certaines portions situées au pied de l'escarpement plus ou moins abrupt de 30 à 60 mètres de haut qui cerne la plage sont hors de la vue des défenseurs, abandonnant des zones de regroupement miraculeuses aux Américains. Des généraux comme Norman Cota ou de simples sous-lieutenants comme John Spalding peuvent y rassembler des poignées d'hommes et les haranguer à la manière du colonel Taylor – « Deux types d'hommes resteront sur cette plage, ceux qui sont morts et ceux qui vont y mourir. Alors foutons le camp d'ici ! ». Et au bout d'une heure trente à deux heures environ, les premiers courageux ouvrent des passages à travers les barbelés et entament l'ascension d'une pente de trente degrés en moyenne. Des Rangers et des GI de la 29e DI débouchent les premiers à l'extrémité ouest à 8 h 24. Une trentaine de minutes plus tard, quatre autres groupements s'infiltrent sur les arrières du Mur. Les compagnies de réserve allemandes n'ont pas été assez réactives, et personne n'est venu occuper les hauteurs pour y cueillir les Américains. Le point d'appui n° 60 est le premier neutralisé à 9 heures. Le débarquement est en passe de réussir à l'instant même où Bradley envisage de rembarquer. C'est également à cet instant que plusieurs capitaines de destroyers se risquent à moins de 1 000 mètres du rivage pour tirer sur les points d'appui de leurs pièces de 127 mm. De nouveaux chars débarquent. Les fantassins disposent d'un feu suffisant pour réduire les points d'appui. Dans l'après-midi, le génie ouvre trois des cinq sorties. Le débarquement a réussi.

Il est donc impossible de faire peser ce bain de sang sur la seule défense allemande, il nous faut convoquer d'autres hypothèses.

La première est le terrain. La plage est un croissant de sable de 7 kilomètres coincé entre deux à-pics. En venant de la mer, les soldats ont dû d'abord traverser un estran long de 300 mètres offert aux tirs croisés avant de trouver un abri très relatif contre un remblai de galets d'un ou deux mètres de haut. Après avoir repris leur souffle, ils se sont aventurés dans une courte portion tortueuse de marais et de petites broussailles toujours exposée aux tirs ennemis pour atteindre la base de l'escarpement. C'est seulement là qu'ils ont trouvé un refuge. Mais encore fallait-il se hisser au sommet. Omaha avait donc tout d'une souricière. En cela, elle se distinguait d'Utah, barrée par un cordon de dunes basses, et elle se distinguait des plages britanniques, toutes adossées à un remblai bétonné sur lequel était posée une route littorale bordée de villas balnéaires. Sortir de la plage pour entamer un combat de rue n'était pas une sinécure, mais au moins les bunkers ennemis y étaient plus exposés et l'arrière-pays plus accessible.

Deuxième hypothèse, la météo. On sait que le général Eisenhower a hésité à donner son « *Go* » à cause d'un temps épouvantable qui l'avait déjà contraint à repousser le débarquement de vingt-quatre heures. La houle, avec un vent de force 5 (30 km/h) qui creusait des creux de plus d'un mètre, a d'abord rendu malades tous les soldats. Ces derniers ont donné l'assaut les tripes vidées, écœurés. À l'heure H, des dizaines ont péri, incapables de courir. Balles de mitrailleuses et torpilles de mortier en fauchèrent d'autres en pleine course. Privés de leurs cadres, des centaines restèrent paralysés, choqués, tétanisés, tapis derrière le moindre abri de fortune. Des courants latéraux ont déporté les péniches de centaines de mètres vers l'est. Les 1 450 GI de la première vague ont été dispersés, les deux plages occidentales restant quasi vides. Parlons aussi du sort que la tempête avait réservé à la soixantaine de chars Duplex Drive (DD). Ces Sherman étaient équipés d'une jupe en toile et d'hélices pour être mis à l'eau à plusieurs kilomètres du rivage. Trente des 32 qui se risquèrent en mer coulèrent comme des pierres. Plusieurs capitaines de barges prirent le risque de déposer les autres chars directement sur la plage. Dix s'embrasèrent immédiatement sous les coups des pièces allemandes. Les derniers se retrouvèrent isolés et exposés. Alors qu'ils devaient tirer dans les embrasures, ils furent d'abord contraints de faire les morts pour ne pas être détruits. La météo a complètement désorganisé l'assaut et conduit les GI à n'avoir quasiment que leurs fusils à opposer aux mitrailleuses ennemies.

Le fiasco des chars DD a été d'autant plus grave que les GI ont manqué d'équipement pour se défaire des obstacles et, surtout, de puissance de feu pour s'en prendre aux bunkers. Pourtant, la première vague était accompagnée de 2 000 sapeurs bardés d'explosifs et de 16 Tank Dozer (des chars équipés d'une pelle à l'avant et tractant une remorque d'équipements du génie). Des équipes de la Navy à bord de canots pneumatiques étaient présentes pour neutraliser les obstacles en mer. Hélas, cette belle entreprise a volé en éclats en même temps que leurs barges devenues des bombes flottantes. Treize Tank Dozer furent vite détruits. Pour démanteler les réseaux de barbelés et les murs, les sapeurs n'avaient plus que quelques torpilles Bangalore et des pains de plastique. Les mines durent être déterrées à la main. Bradley n'avait pas voulu s'encombrer des blindés spécialisés conçus par les Britanniques. Choix malheureux, un seul Churchill AVRE, ce char lourd très bien protégé (il pouvait encaisser des obus de 75 mm) et armé d'un mortier de 290 mm, aurait pu dégager l'accès à un vallon en quelques tirs[7]. Grâce à eux, les Canadiens à Juno Beach ont perforé des positions par endroits aussi bien

7. Napier, *The Armoured Campaign...*, *op. cit.*, p. 54-55.

défendues qu'à Omaha[8]. Mais Bradley les avait qualifiés de gadgets et n'avait pas voulu encombrer sa logistique avec un équipement étranger. Il leur a préféré l'appui-feu indirect, plus conforme à la culture américaine. Le jour précédent, le 6 juin, on avait ainsi rassuré les GI. Depuis leurs chalands, ils allaient être aux meilleures loges pour assister au plus grand spectacle pyrotechnique de tous les temps.

Reste l'examen des arbitrages illusoires et des compromis qui ont ruiné les plans de feu. Les Américains n'avaient d'autre choix que de débarquer à 6 h 30. Il fallait le faire de jour, car une opération de nuit comme en Méditerranée était impossible à cause des courants, de la houle et des obstacles sur les plages, et à l'aube pour disposer de toute la journée pour élargir la tête de pont. Et à mi-marée montante, quand les chausse-trappes (pieux et tétraèdres minés) installés pour déchiqueter les chalands étaient encore visibles. Six heures trente était le seul créneau possible. Or un tel horaire ne laissait que peu de temps pour le bombardement préliminaire. À peine une heure depuis l'aube, dont moins de vingt minutes contre la plage elle-même. C'était peu, d'autant que l'US Navy n'avait

8. Peter Caddick-Adams, *Sand and Steel. The D-Day Invasion and the Liberation of France*, Oxford, Oxford University Press, 2019, p. 759-767, et Georges Bernages, *Gold, Juno, Sword*, Saint-Martin-des-Entrées, Heimdal, 2003, p. 168.

pas rassemblé tous les navires demandés par l'US Army : deux cuirassés contre trois souhaités, quatre croiseurs légers – dont deux français – contre six, et douze destroyers au lieu de vingt-quatre. Bradley s'en était ému. Il n'allait pas disposer de l'appui indirect espéré. Mais l'amiral Kirk, qui commandait la flotte américaine devant Omaha, l'avait rassuré : il pouvait compter sur la puissance dévastatrice de chalands de débarquement modifiés en base-feu – neuf emportaient des roquettes, cinq avaient des canons de 120 mm – ainsi que sur la centaine de pièces d'artillerie de l'armée qui allaient tirer depuis leurs barges. Un vrai festival ! Mais c'était sans compter sur la houle, encore elle, qui gênait le tir depuis ces frêles esquifs. Les 10 000 roquettes explosèrent dans le ressac et les canons ne furent d'aucune utilité tant ils étaient ballottés[9]. Et, comme si tout ce qui précède ne suffisait pas, Eisenhower gaspilla sa dernière carte. Pour la première fois, un assaut amphibie était précédé d'un tapis de bombes délivrées par 448 quadrimoteurs. Hélas, le commandant suprême eut soudain peur de voir les bombes tomber trop court, pile sur ses barges, et exigea un report de trente secondes de l'ouverture des soutes. Les 5 000 bombes tombèrent dans le dos des défenseurs, tuant 600 civils sans toucher une seule position allemande. Oui, les

9. Adrian R. Lewis, *Omaha Beach. A Flawed Victory*, Chapel Hill, University of North Carolina Press, 2001, p. 218-231.

GI ont assisté au plus grand des spectacles pyrotechniques, mais pour leur malheur, ce ne fut rien de plus !

Omaha était une souricière et il est illusoire de penser qu'un bain de sang aurait pu y être évité. Mais ce n'est pas tant la présence massive de défenseurs qui l'a amplifié que la combinaison de facteurs géographiques, météorologiques et de compromis malheureux qui ont amené les GI à être livrés à eux-mêmes sans appui-feu directs.

11

Hitler a-t-il été fautif le 6 juin ?

« Il s'est produit "une espèce de débarquement en France [...] les premiers renseignements sont extrêmement vagues". Fallait-il en informer le Führer ? Les deux hommes [l'amiral Karl Jesko von Puttkamer, aide de camp de Hitler et son interlocuteur au QG de Jodl] en discutèrent et finirent par se mettre d'accord pour laisser Hitler dormir en paix[1]. » Quand celui-ci se lève, en fin de matinée, il est déjà trop tard. Le Débarquement a réussi. Par ses humeurs, qui dissuadent son entourage de le réveiller ; par son hygiène de vie (il se couche tard, ce jour-là vers 2 heures) ; par sa démesure, qui interdit toute initiative autre que la sienne, Hitler serait le responsable des errements de la défense allemande le 6 juin. Et, *in-fine*, l'auteur de sa propre chute. Cette explication aussi simple qu'édificatrice – le diable rattrapé par tous

1. Cornelius Ryan, *Le Jour le plus long*, Paris, Robert Laffont, 1960, p. 163.

ses méfaits – s'est enracinée, entretenue par les généraux allemands et Cornelius Ryan, l'auteur du best-seller *Le Jour le plus long*. Mais qu'en est-il véritablement ?

L'historien Jean-Luc Leleu pourfend ce cliché et rend à la *Generalität* – la caste des généraux allemands – sa part de responsabilité[2]. Depuis des mois, l'*Ob. West* avait établi des procédures d'alerte, et chaque unité disposait d'un protocole pour faire face à toute éventualité. Ses hommes étaient sur le qui-vive et dormaient le plus souvent aux postes de combat. Pour le seul mois de mai, 32 alertes avaient été émises en Normandie. Plus d'une par jour ! Mais une telle vigilance avait fini par épuiser les esprits. Début juin, à la fois lassés et rassurés par le sentiment partagé que les marées et la météo n'étaient plus propices, le chef de la 7e armée et plusieurs divisionnaires partent à Rennes pour un *Kriegspiel* plusieurs fois reporté, d'autres (les chefs de la 21e Panzer) filent profiter des nuits parisiennes. Rommel lui-même est en Allemagne. Leurs subordonnés hésitent à prendre des décisions, d'autant qu'ils sont noyés sous les informations contradictoires. Le groupement naval Ouest laisse à quai ses chalutiers, qui assurent la mission de sentinelles. Le 84e corps d'armée à Saint-Lô accueille avec dérision le rapport d'une station radar qui vient de détecter une masse d'avions en approche. Les rapports conduisent

2. Leleu, *Combattre en dictature...*, *op. cit.*, p. 231-278.

ensuite à exagérer l'étendue des parachutages. Le groupe d'armées B ordonne à trois divisions en garnison en Bretagne de partir nettoyer une tête de pont aéroportée fantôme près de Coutances, avant de se rendre compte de son erreur au bout de quarante-huit heures[3]. L'affaire ne porte pas à conséquence, mais elle est révélatrice de la confusion ambiante. Dans la journée, la 7e armée et le groupe d'armées B ignorent l'existence du débarquement à Utah Beach jusqu'à 16 h 30 et croient que celui d'Omaha a échoué. À l'inverse, ils restent persuadés que des assauts ont lieu à la pointe du Cotentin et à l'est de la Dives, entre Houlgate et Honfleur[4].

Tout le monde s'était imaginé un scénario dans lequel le débarquement serait immédiatement identifié, déclenchant les contre-mesures idoines. Face aux signaux contradictoires, les officiers sont désarçonnés. Certains surréagissent, d'autres sombrent dans l'apathie, appliquant le mot d'ordre de l'*Ob. West* « de ne pas s'emballer[5] ». Au sommet, le maréchal Gerd von Rundstedt ne prend pas la peine de donner un seul coup de fil en

---

3. Hans Sakkers (éd.), *Normandie 6 Juin 1944 im Spiegel der Deutschen Kriegstagebücher. Der Grossangriff auf den Atlantikwall*, Biblio Verlag, 1998, 2 h 50 (AOK 7), 4 heures (H. Gr. B). BAMA RH 24-74/14, fol. 175 : LXXIV AK an 77 I.D., 7/06/1944 (9 h 30).

4. BAMA, RH 20-7/129, AOK 7, KTB, 6/06/44.

5. TNA, WO 208/2282 : WOWIR 90, Interrogatoire d'un secrétaire la section Ic de l'*Ob. West*, 2/05/1945, p. 18.

personne le 6 juin. Surtout, alors que la confusion exige d'aller chercher l'information, trop d'états-majors l'attendent. Les différents échelons du commandement se sont ankylosés, à force d'exercices stéréotypés. L'absence de l'instinctif Rommel n'en est que plus préjudiciable.

Par conséquent, devant Omaha, les défenseurs ne reçoivent aucun renfort, bien que plusieurs compagnies cantonnent à proximité. Dans la région de Carentan, les bataillons sont débloqués un à un, tergiversent (un ne parcourt que 7 kilomètres en cinq heures) ou tombent dans des embuscades. Le périple du groupement tactique Meyer (1 750 fantassins-cyclistes et deux compagnies antichars tractées de la 352e division) qui campe à une vingtaine de kilomètres d'Omaha est encore plus pathétique. Il est d'abord dirigé à 50 kilomètres à l'ouest vers Carentan en réponse aux largages américains, avant de recevoir l'ordre de faire volte-face pour faire barrage aux Anglais débarqués à Gold. De retour à Bayeux, il est surpris et écrasé. Il aura ainsi fait un aller-retour devant Omaha sans profit[6]. Seul un bataillon y aura été détourné dans la matinée, mais son chef, qui ne savait rien de la situation, a choisi de se retrancher à deux kilomètres en retrait[7], perdant

6. Leleu, *Combattre en dictature…*, *op. cit.*, p. 255-257.

7. NARA, Foreign Military Studies, B-388, Oberstleutnant Fritz Ziegelmann, « 352nd Infantry Division (6 June 1944) ».

une occasion unique de surprendre les Américains au débouché est de la plage. Un assaut aurait probablement été cloué au sol par l'artillerie de marine, au moins aurait-il bloqué les GI à la lisière de la plage. Quant à ses supérieurs, persuadés que le débarquement à Omaha a échoué, ils s'en désintéressent[8]. On ne peut dès lors que spéculer sur les effets d'une attaque déterminée conduite par l'intégralité du groupement Meyer, s'il avait été entièrement dérouté vers la plage américaine.

Le commandement gaspille aussi la force blindée la plus proche des plages, la 21e Panzer cantonnée autour de Caen. Trois de ses compagnies d'infanterie motorisée ferraillent pourtant avec des parachutistes anglais à l'est de l'Orne dès 0 h 30, mais il faut attendre six heures pour que le groupe d'armées B mette la division à la disposition du 84e corps d'armée. Ce dernier hésite alors deux heures entre l'envoyer combattre les parachutistes ou la rapprocher de la côte où sont signalées des péniches. Finalement, le corps donne l'ordre d'attaquer les parachutistes, avant de se raviser à 10 h 30 et d'exiger le rejet des Anglais à la mer. Les Alliés ont entre-temps bombardé Caen, ce qui dissuade le commandement allemand d'y faire transiter les chars. Les blindés font alors demi-tour pour trouver d'autres points de franchissement de l'Orne plus au sud. Cela leur

8. Albert Pipet, *D'Omaha à Saint Lô. La bataille des haies*, Saint-Martin-des-Entrées, Heimdal, 1980, p. 22.

prend six heures. La division ne contre-attaque qu'à 16 heures. Trop tard. L'ennemi a dressé un rideau antichar infranchissable. Quatorze chars sont vite détruits et autant endommagés – un tiers des effectifs. Seul un détachement de six panzers se glisse entre Britanniques et Canadiens pour atteindre le littoral à Lion-sur-Mer avant de se replier par crainte d'être encerclé. Au soir du Jour J, les blindés ont été rejetés sur leur ligne de départ. Les généraux allemands seront sévères avec le commandant de la 21e Panzer, le général Feuchtinger, jugé à juste titre comme un parvenu du parti nazi, un charlatan, indécis, voire souvent absent, ce qui a obligé le chef du 84e corps, Erich Marcks, à le suppléer pour l'attaque de 16 heures[9]. Mais il est loin d'être le seul responsable de ce fiasco.

Hitler n'est, en revanche, pour rien dans ces errements.

Les griefs à son encontre portent cependant non sur ces erreurs tactiques, mais sur l'engagement trop tardif de la réserve stratégique. En fait, la thèse d'un Führer endormi est contredite par d'autres témoignages. Un aide de camp, le SS Otto Günsche, affirme qu'il aurait été réveillé immédiatement et aurait rejoint la grande salle du

9. Leleu, *Combattre en dictature…*, *op. cit.*, p. 257-261 ; Werner Kortenhaus, *The Combat History of the 21. Panzer Division*, Helion, 2018, p. 85-95 (e.o. *21. Panzerdivision 1943-1945*, Schneider Armour Research, 2007).

Berghof vers 8 heures[10]. Nous sommes, par contre, certains que son état-major personnel, l'OKW, a bel et bien contremandé à 9 h 30 l'initiative du chef d'état-major de Gerd von Rundstedt, qui avait pris sur lui de mettre en ordre de marche la 12e SS et la *Panzer Lehr* à 5 heures. Veto décisif ? En fait, non, car l'OKW est revenu dessus trente minutes plus tard concernant la 12e SS. Il n'a pas fait perdre de temps à une division qui ne s'est ébranlée, en fait, qu'à partir de 11 h 30. Le retard imposé par l'OKW à la *Lehr* a été plus conséquent – cinq heures –, mais il a fallu deux heures trente supplémentaires à la division pour se mettre en route. Les hommes étaient prêts, mais ils ont attendu le retour de leur commandant parti prendre ses ordres au QG de la 7e armée, au Mans, à 75 kilomètres de là[11]. L'impact négatif de l'OKW n'est en rien décisif.

Ce n'est pas non plus l'OKW qui a dirigé les SS dans la mauvaise direction. En effet, à la demande pressante du commandant de la 711e division, en charge du secteur Houlgate-Honfleur, persuadé à tort d'être au cœur du maelstrom, la division a été orientée vers Lisieux, à 50 kilomètres à l'est de Caen. Le temps de corriger l'erreur, il

10. Georges Bernages et Hubert Meyer, *12. SS-Panzer-Division « Hiterjugend »*, Saint-Martin-des-Entrées, Heimdal, 1991, p. 117.

11. Jean-Claude Perrigault, *La Panzer-Lehr-Division*, Saint-Martin-des-Entrées, Heimdal, 1995, p. 152-154.

était 17 heures[12]. « En définitive, l'emploi de la 12e division blindée SS représente la quintessence des problèmes auxquels la défense allemande fut confrontée le 6 juin : la panique qui s'empara de certaines unités, la difficulté de déterminer précisément le lieu de l'offensive alliée, enfin les maladresses du commandement, écartelé entre ses incertitudes et un besoin d'action. Autant de facteurs qui ne devaient rien aux décisions de l'OKW ou au sommeil de Hitler[13]. » Pour finir, le commandement allemand, à commencer par Rundstedt, est resté persuadé qu'un second débarquement allait suivre. Les trois DB au nord de la Seine ont toutes été mises en alerte et rapprochées des côtes… picardes et belges !

La Wehrmacht n'a tout simplement pas été à la hauteur de sa réputation lors du Jour le plus long.

12. Bernages et Meyer, *12. SS…*, *op. cit.*, p. 133-136.
13. Leleu, *Combattre en dictature…*, *op. cit.*, p. 264.

12

Disposer les panzers près des plages aurait-il été une option gagnante ?

Certains lecteurs ont peut-être été surpris que je n'aie pas discuté de la pertinence des plans échafaudés par Rundstedt, Geyr von Schweppenburg et Rommel à l'occasion de la présentation de la *Panzer Kontroverse*. Or il s'agit probablement de la question qui revient le plus souvent, aussi bien dans la bouche du novice que dans celle du passionné. Elle est, il est vrai, fascinante, puisqu'elle porte sur l'enjeu central – la possibilité d'un échec d'« Overlord » – et est propice à de vifs débats. Si j'ai attendu, c'est qu'il me semblait nécessaire auparavant de revenir sur le déroulement du 6 Juin côté allemand, pour disposer de tous les éléments nécessaires à cette uchronie.

A posteriori, les options défendues par Schweppenburg et Rundstedt de laisser les Alliés débarquer pour mieux les contrer ne laissaient aucun espoir, car ils minoraient l'effet paralysant de l'action aérienne, mais aussi et surtout à cause du différentiel abyssal de montée en charge entre les deux camps. Au soir du 6 juin, les Alliés avaient prévu d'avoir mis à terre 1 500 chars. Une semaine plus tard, 3 000 avaient été débarqués, le double de tous les moyens allemands à l'Ouest[1]. Dans ce scénario où l'initiative était abandonnée aux Alliés, Montgomery aurait progressé prudemment et les Allemands, harcelés par l'aviation, se seraient fracassés sur un mur antichar avant d'être noyés sous des tempêtes d'acier. La gifle reçue aurait été si cinglante que la bataille en aurait été écourtée.

Le chapelet de groupements blindés voulu par le « Renard du désert », positionnés à moins de deux heures de chaque plage pour une intervention immédiate, reposait sur une analyse plus lucide. Ce plan était le seul qui réduisait l'impact de l'aviation tactique. C'est aussi celui qui permettait de tirer profit des faiblesses initiales des Alliés : effectifs encore limités, absence de profondeur, fatigue accumulée lors de l'assaut. C'était également le seul qui créait une synergie entre blindés et fortifications côtières. Enfin, la proposition de Rommel évitait de se perdre en conjectures pour savoir si le débarquement serait le principal ou non.

Pour autant, ce n'est pas parce que l'option Rommel était la meilleure qu'elle garantissait le

1. Zetterling, *Normandy 1944*, *op. cit.*, p. 419-420.

succès. En mai, le maréchal proposa de rapprocher la 12e SS de Saint-Lô[2], à 30 kilomètres de la future plage d'Omaha. Les premiers éléments de la division auraient ainsi pu l'atteindre vers 9 heures, pile au débouché des premiers GI. Mais un tel scénario postulait l'identification immédiate de la menace. Or, nous l'avons vu, les Allemands en furent incapables, noyés sous les rapports erronés et incomplets. Ils tergiversèrent de minuit à 10 h 30 avant d'engager la 21e Panzer. Ils crurent longtemps que la situation à Omaha était sous contrôle. Un rapport indiquait même que les Américains avaient été rejetés à la mer alors que le 84e corps collectait dans le même temps des rapports très alarmants sur la percée faite par les Britanniques sur Gold. C'est pour cette raison que le groupement Meyer n'a pas contre-attaqué la tête de pont d'Omaha alors qu'elle était la réserve la plus proche de la plage. En l'état, il n'y aurait donc aucune raison que la 12e SS ait vécu dans notre uchronie un scénario différent au groupement Meyer. Dans les premières heures, un ou deux de ses groupements blindés auraient été envoyés vers les paras américains, puis ordre aurait été donné de repousser les Britanniques sur Gold, et ce n'est que dans l'après-midi qu'une partie aurait été envoyée pour liquider Omaha. Ainsi dispersés et engagés trop tardivement, les groupements blindés

2. NARA, RG 407/427/1392 : FUSA, G-2 PR9, 16/06/44, Annex 1.

auraient juste stoppé net les progressions alliées. Et quand bien même l'un d'entre eux aurait-il surgi à proximité de la plage américaine, il restait l'atout de l'artillerie navale et des chasseurs-bombardiers dans la manche alliée.

En Méditerranée, tant en Sicile qu'à Salerne, jamais les Anglo-Saxons n'ont été rejetés à la mer malgré de violentes contre-attaques blindées et une Luftwaffe capable de contester au moins partiellement le ciel. Il faut rappeler l'échec cinglant des tankistes de la division Hermann Goering devant Gela, en Sicile, cloués au sol par les pièces des destroyers et de l'artillerie américaine. En quarante-huit heures, la division avait perdu près de la moitié des chars engagés, dont 10 monstrueux Tiger. La 12e SS aurait au mieux enfermé les Américains dans une étroite tête de pont. Dans les jours suivants, si sa présence aurait hypothéqué toute progression américaine, son absence sur le front anglais, où historiquement elle fut déployée le 7 juin, aurait facilité l'avance de Dempsey, qui serait alors venu dégager son allié. La bataille aurait été prolongée, mais sans en changer l'issue.

Il existe un autre scénario, où Rommel rapproche non plus une, mais deux DB (12e SS et *Lehr*), une dans le Cotentin et une à Avranches à 100 kilomètres des plages, prêtes pour une intervention en Basse-Normandie ou en Bretagne, ainsi qu'une brigade de lance-roquettes et un corps de

Flak[3]. Un tel scénario aurait réparti les divisions de panzers sur l'ensemble du front d'invasion (une contre Utah, une autre accourant pour bloquer Omaha), freinant drastiquement l'avance américaine vers Cherbourg et empêchant la liaison entre Utah et Omaha, mais facilitant la progression britannique. En contrepartie, ainsi dilués, les panzers n'auraient eu nulle part la masse requise pour menacer une des têtes de pont. De plus, cette option n'est évoquée que fin mai et elle n'avait pas été encore portée à la connaissance du Führer le 6 juin. Il était trop tard pour qu'elle soit envisagée autrement que comme un pur exercice intellectuel.

Dernière hypothèse parfois évoquée, celle où les trois divisions blindées sont toutes installées en second rideau, à une vingtaine de kilomètres des plages : la 12e SS à Saint-Lô, la *Lehr* à Bayeux et la 21e Panzer à Caen. Cette option aurait été redoutable, mais elle n'a été portée à notre connaissance qu'à travers une carte dessinée par l'aide de camp de Rommel, l'amiral Friedrich Ruge, seize ans après la bataille[4]. À ma connaissance, aucun autre témoin n'en a gardé trace. Il est extrêmement douteux que Rommel ait pu formaliser un tel déploiement, en contradiction avec celui qu'il

3. Témoignage du général Bayerlein *in* maréchal Rommel, *La Guerre sans haine*, Le Livre contemporain, 1960, p. 420, et BAMA, N 117/22, fol. 45 : TB Rommel, 03.06.44, p. 23.
4. Ruge, *Rommel...*, *op. cit.*, p. 174.

était allé défendre devant le Führer début juin. Ruge l'a probablement imaginé après-guerre.

Pour être complet, il faudrait ajouter que de tels mouvements de troupes n'auraient certainement pas échappé aux Alliés, et que ceux-ci s'y seraient alors adaptés. Pour conclure, même si, avec le recul, rapprocher les panzers des plages aurait constitué l'option la plus judicieuse, elle n'aurait fait que ralentir les Alliés.

13

L'échec devant Caen a-t-il prolongé la bataille ?

L'une des polémiques les plus durables entre Britanniques et Américains concerne l'incapacité de la 2e armée britannique à libérer rapidement la ville de Caen. Les Américains ont estimé que le général Montgomery, commandant en chef des forces terrestres alliées, avait fait preuve, dans cette bataille, de forfanterie, d'incompétence et de malhonnêteté. Forfanterie pour avoir promis de libérer le jour du Débarquement cette cité de 60 000 habitants. Incompétence pour avoir piétiné à ses portes pendant un mois. Malhonnêteté, enfin, pour avoir soutenu que jamais il n'avait promis de prendre Caen le Jour J. Les Britanniques fixant le maximum de divisions blindées allemandes afin de faciliter la tâche des Américains, ajoutait-il, la prise de la ville ne changeait rien à la conduite de la bataille.

Cette polémique a perduré jusque dans les années 1980 avant de s'essouffler, faute de combattants. Sans avoir été clairement tranchée. En France, cet échec évoque d'abord le martyre de la cité et des 20 000 Caennais qui y étaient encore présents[1]. Trois questions se posent dès lors. Caen a-t-elle été effectivement un objectif du Jour J ? La ville pouvait-elle être prise le 6 juin ? L'échec de sa prise rapide a-t-il eu un impact sur le cours des opérations ?

Que Montgomery ait pensé libérer Caen rapidement est indiscutable. Lors de sa présentation le 7 avril 1944, les cartes sur lesquelles il s'appuie incluent la ville dans l'espace à libérer avant J + 17. Deux semaines plus tard, la directive opérationnelle n° 1 de la 2e armée britannique indique que son armée doit s'établir sur une ligne de collines située entre Caen et Falaise vers J + 8. Montgomery confirme qu'il est prêt le jour J à prendre tous les risques pour s'enfoncer immédiatement à l'intérieur des terres. Rien ne serait pire, dit-il, que de se retrouver coincé sur une étroite bande littorale comme le sont alors les Alliés dans la tête de pont d'Anzio, en Italie[2]. « La meilleure façon de gêner les concentrations de l'ennemi et

1. Jean Quellien et Bernard Garnier, *Les Victimes civiles du Calvados dans la bataille de Normandie*, Montpellier, Éditions du Lys, 1995, et le récit à chaud d'André Gosset et Paul Lecomte, *Caen pendant la bataille*, Caen, Ozanne et Cie, 1946.

2. En février 1944, un corps d'armée débarque à Anzio pour prendre à revers les Allemands, mais les tergiversations du général Lucas laissent le temps aux Allemands

ses contre-mesures sera de lancer des attaques de blindés suffisamment puissantes l'après-midi du Jour J, écrit-il dans un courrier. [...] Pour réussir, une telle tactique doit être mise en œuvre dès le Jour J ; attendre jusqu'à J + 1, ce serait laisser passer l'occasion et perdre l'initiative. [...] Je suis prêt à accepter presque tous les risques pour mettre en œuvre cette tactique. J'irais même à sacrifier la totalité des groupes de brigades blindées[3]. »

Par conséquent, même si jamais Montgomery ne cite Caen, un tel état d'esprit offensif implique sa prise dès le premier jour. Les faubourgs de la ville ne sont qu'à 10 kilomètres de la côte, même pas à deux heures de marche. De fait, cette conquête figure dans les plans de la 3e DI qui débarquera sur Sword Beach. Une fois qu'une première vague aura pris d'assaut la plage, l'assaillant se scindera en deux groupes. Des commandos renforceront les forces aéroportées larguées à l'est de l'Orne tandis que la 8e brigade poursuivra son effort sur une profondeur de 5 kilomètres pour nettoyer tous les obstacles entre la mer et la cité normande, en particulier deux points d'appui – « Hillman » et « Morris » – ainsi qu'une crête[4].

---

d'enfermer les Alliés dans une tête de pont étriquée dont ils ne sortent pas.

3. Lettre de Montgomery à Dempsey et Bradley, 14 avril 1944, cité *in* D'Este, *Histoire du débarquement, op. cit.*, p. 76.

4. La position « Morris » à Colleville-sur-Mer abrite quatre canons de 100 mm dans un complexe fortifié. Il tombera pourtant dès 13 heures, les 67 artilleurs d'origine

La porte de Caen sera alors ouverte pour une colonne mobile débarquée en deuxième vague. Cette colonne, forte de 65 Sherman du *Staffordshire Yeomanry* sur lesquels seront grimpés les fantassins du 2e bataillon, *The King's Shropshire Light Infantry* (2nd KSLI), foncera au cœur de la ville, sans se préoccuper de ses flancs, la sécurisation du terrain étant abandonnée aux deux autres bataillons de la 185e brigade. Dans l'après-midi, une dernière brigade, la 9e, viendra élargir la position en occupant l'ouest de la ville et l'aérodrome de Carpiquet. Quand Montgomery se défend d'avoir envisagé de prendre Caen le Jour J, il ment[5].

Ce qui est vrai en revanche, c'est que jamais il n'y a attaché une importance particulière. Il est curieux que cet officier expérimenté fasse aussi peu de cas de la plus grande ville de la région. Peut-être parce qu'il n'a jamais combattu en zone urbaine, ni pendant la Première Guerre mondiale, ni dans le désert africain ou en Italie. Peut-être aussi parce que les manuels militaires britanniques négligent la guerre en ville. Les subordonnés de « Monty » n'y prêtent d'ailleurs pas plus d'attention, à commencer par Crocker, qui commande

---

polonaise se rendant dès la fin d'un bombardement préliminaire. « Hillman », une position solide, enterrée sur une butte, qui abrite le PC du 736e régiment ne se rendra qu'à 22 heures.

5. *Cf.* D'Este, *Histoire du débarquement*, *op. cit.*, p. 76-109 et p. 132 ; Caddick-Adams, *Sand and Steel…*, *op. cit.*, p. 786.

le 1er corps. Dans ses instructions, Caen est mise sur le même plan que la tête de pont sur l'Orne ou les hauteurs entourant la petite ville d'Évrecy. La 185e brigade, qui n'a encore jamais combattu, s'entraîne d'arrache-pied à l'assaut amphibie, mais n'apprend rien de la guerre en ville, ni ne s'entraîne avec les blindés du *Staffordshire*. Personne ne questionne la faiblesse des effectifs alloués à la conquête d'une si grande zone urbaine. Le haut commandement allié est négligent. Il est vrai qu'il est induit en erreur par des renseignements erronés. Le dernier rapport, en date du 3 juin, indique en effet qu'une fois franchi le mur de l'Atlantique, la route est libre, nonobstant la présence de quelques compagnies de la 716e DI. La 21e Panzer est localisée plus au sud dans la région de Falaise[6]. « Je ne comptais pas rencontrer beaucoup d'opposition », déclarera le commandant de la 185e brigade[7]. À la lecture de ces renseignements, la ville semble une proie facile à condition d'y devancer la 21e Panzer.

Le 6 juin, les opérations britanniques commencent bien. Alors que Crocker craignait une casse terrible sur la plage, celle-ci est emportée en moins d'une heure. Vers 11 heures, les trois bataillons de la 185e brigade sont prêts à avancer. Mais il n'en est pas de même des blindés. Le mauvais temps amplifie la marée. La plage n'est

6. D'Este, *Histoire du débarquement, op. cit.*, p. 126-130.

7. Lettre du général de brigade K. Pearce Smith à Carlo D'Este, 27 août 1982.

plus qu'une langue de sable où s'embouteillent des centaines de véhicules. S'y ajoutent les frappes de l'artillerie allemande. Après une heure trente d'attente, le 2nd KSLI décide de partir seul à pied. Le bataillon perd rapidement du temps à prendre une position d'artillerie et à contourner le point d'appui « Hillman » toujours actif, avant de buter à 15 heures sur deux compagnies renforcées du 2e bataillon du 192e régiment de *Panzergrenadiers* retranché sur les hauteurs de Périers et dans le bois de Lébisey. Derrière, on entend des bruits de moteurs... Et pour cause, une centaine de panzers de la division s'y rassemblent[8]. Surpris seul en pointe, ayant déjà perdu une centaine d'hommes et ne disposant que d'une quarantaine de chars et de canons antichars, le colonel Maurice juge à raison qu'il ne pourra aller plus loin. Derrière lui, les renforts tardent. Il faut détourner des chars pour en finir une fois pour toutes avec le point d'appui « Hillman ».

De plus, dès 13 heures, le général Crocker ordonne à la 9e brigade d'aller renforcer les parachutistes autour de Pegasus Bridge. Le commandant de la brigade proteste : « J'ai pris toutes mes dispositions pour m'emparer de Caen après Carpiquet et je sais exactement ce qu'il faut faire. Je dois m'en tenir à mon objectif. » « Désolé, lui

8. Bernages, *Gold, Juno, Sword*, *op. cit.*, et Andrew Stewart, *Caen Controversy. The Battle for Sword Beach*, Helion, 2014.

est-il répondu, nous savons que ça tombe mal, mais il faut que vous alliez les aider[9]. » La sécurité de la tête de pont à l'est de l'Orne est jugée plus importante que la prise de la ville. La 9e brigade n'aurait sans doute pas eu le « punch » suffisant pour percer les défenses allemandes, mais le choix du chef de corps n'en est pas moins révélateur. Toujours est-il que comme souvent avec les Britanniques, une offensive à l'origine ambitieuse finit par se dégonfler. La poussée d'une division de 20 000 hommes et 200 chars accouche finalement d'une attaque d'un seul bataillon de 800 hommes et d'une quarantaine de Sherman. À 16 heures, les Anglais sont bloqués à 1 500 mètres des faubourgs de Caen. Ils n'iront pas plus loin. Quelques minutes plus tard, ils doivent repousser une première attaque de 25 panzers.

Caen était inaccessible à cette armée, trop lente et trop prudente. La ville se transforme alors en môle défensif. L'irruption de la 12e SS, puis de la *Panzer Lehr* oblitère tout espoir de débordement. Cette situation a-t-elle obligé à revoir le plan directeur de Montgomery ? Pas vraiment. La situation opérationnelle n'en est guère affectée. Comme espéré, les plus puissantes forces allemandes convergent en secteur britannique. Comme prévu, le subordonné de « Monty », le

---

9. Témoignage du commandant de la 9e brigade, J. C. Cunningham, cité *in* D'Este, *Histoire du débarquement, op. cit.*, p. 144.

général Miles Dempsey, multiplie les offensives pour les fixer, les user et ainsi faciliter la progression américaine.

En revanche, la configuration tactique est bouleversée. Dempsey se retrouve coincé dans une tête de pont étriquée dont la clé est Caen. Un scénario dramatique à la « Anzio » se profile. Au lieu de combattre 30 kilomètres au sud sur un terrain ouvert qui aurait étiré la défense allemande et aurait donné la part belle aux points forts de l'armée britannique – artillerie, aviation, blindés –, celle-ci est contrainte de démanteler des positions où sont retranchées début juillet, sur moins de 30 kilomètres, pas moins de six divisions de panzers, le tout sur un terrain bien plus compartimenté – par du bocage, des collines et des zones urbaines. À Carpiquet, par exemple, le village et l'aérodrome ont été transformés par la *Hitlerjugend* en un véritable camp retranché, truffé de bunkers, de chars enterrés jusqu'à la tourelle, de positions de mortiers et de nids de mitrailleuses, de canons antichars et pièces de la Flak, le tout entouré de champs de mines et de barbelés.

« La principale faute de Montgomery n'est pas d'avoir échoué à prendre Caen, mais d'avoir été persuadé d'y parvenir[10]. » Faute d'un plan B, il est contraint d'improviser… ce qu'il déteste. Il devine

10. Citation du caporal Warwick Nield-Siddal, interview 1999, Imperial War Museum Oral History Collection, réf. 19672.

la vanité de prendre la ville d'assaut. Il doit d'abord user la défense par des coups de boutoir répétés, l'isoler en nettoyant toute la rive ouest de l'Orne et réduire Caen à un moignon dans la manche allemande. Les combats *pour* Caen ne seront pas des combats *dans* Caen. Ils se concentrent, à l'ouest, dans les campagnes vallonnées et bocagères de la vallée de l'Odon autour de la cote 112 (opération « Epsom », 26 juin-1er juillet), puis au niveau de l'aérodrome (opération « Windsor », 4-5 juillet). Ce terrain étriqué exige beaucoup de l'infanterie, une denrée devenue rare au sein de l'Empire britannique. « Monty » a beau chercher des alternatives comme abuser de l'artillerie et des tapis de bombes, ses pertes s'envolent. L'infanterie accuse 76 % des pertes totales. Vingt-trois mille fantassins sont tombés au 1er juillet. Or Montgomery n'en reçoit que 18 600 en renfort[11]. Les terribles combats autour de Caen usent l'épée britannique. Son groupe d'armées ne s'en remettra jamais totalement. L'extrême prudence deviendra la règle.

Reste que ces combats ont essoré les défenseurs et sapé le moral de leurs chefs, qui demandent fin juin à Hitler l'autorisation d'un repli d'une quinzaine de kilomètres pour échapper à l'artillerie de marine et pour ne pas y perdre une ou deux précieuses unités de chars. Le quartier au nord de

11. TNA, WO 171/139, WD, TFAG, A Section, June-August 1944 ; WO 219/1538 TFAG « Casualty Reports » Summer 1944.

l'Orne devient, en effet, chaque jour davantage une souricière. Mais Hitler refuse, limoge son commandant en chef, Rundstedt, et un chef d'armée, Geyr von Schweppenburg. Le survivant Rommel, maintenu à la tête du groupe d'armées B, entamera malgré tout discrètement l'évacuation de la ville, au point que lorsque Montgomery donnera l'assaut le 7 juillet (opération « Charnwood »), Caen sera libérée en quarante-huit heures... faute de combattants allemands[12]. L'obstacle n'est pas pour autant totalement franchi. Une nouvelle grande offensive de Dempsey, le 18 juillet, depuis la tête de pont à l'est de l'Orne – l'opération « Goodwood » – échoue, les Allemands contrôlent toujours les faubourgs sud de la ville. La base à l'est de l'Orne n'est encore accessible que par le seul Pegasus Bridge, et elle est trop exiguë pour accueillir tous les véhicules des trois DB engagées. Une partie des chars doit patienter derrière le pont, provoquant des embouteillages et des retards fatals. Il faudra attendre début août pour que l'armée de Dempsey sorte définitivement du bourbier caennais.

Il est difficile de dire si finalement cette tumeur a retardé la victoire en Normandie. J'en doute. Même en terrain ouvert, tant de divisions de panzers auraient posé d'énormes difficultés à Dempsey. Certes, le retard pris a empêché

12. Les Allemands s'accrochent seulement le premier jour pour sauver les apparences face à Hitler. Leleu, *Combattre en dictature...*, *op. cit.*, p. 514-523.

l'ouverture d'aérodromes sur le continent, mais personne ne s'est plaint de manquer d'assistance aérienne. Surtout, la décision s'est faite en secteur américain par la percée du 25 juillet, qui a ouvert les portes de la Bretagne et permis de clôturer la bataille avec la tentative d'encerclement à Falaise. Peu importait alors où était la ligne de front britannique. Il est sûr, en revanche, que les combats pour Caen ont prématurément saigné l'infanterie britannique. Pis, ils ont discrédité Montgomery et son armée aux yeux de leur allié. Toute la suite de la campagne d'Europe du Nord-Ouest s'en est ressentie, avec un orchestre désaccordé. Les deux alliés ont combattu non plus ensemble, mais en parallèle. Falaise, les querelles lors de la poursuite vers l'Allemagne, Anvers et « Market Garden » seront les métastases de la tumeur caennaise[13].

13. À Falaise, mi-août, le déficit de coopération facilite la retraite allemande. Dans les semaines suivantes, les généraux se livrent à une course pour être le premier en Allemagne et, croit-on, gagner seul la guerre. Eisenhower refuse d'arbitrer, Bradley refuse de collaborer avec Montgomery pour pénétrer ensemble en Allemagne *via* la trouée d'Aix-la-Chapelle, ce qui encourage ce dernier à monter une opération aéroportée très risquée plus au nord (« Market Garden ») au détriment du dégagement des bouches de l'Escaut indispensable à l'ouverture du port géant d'Anvers. Toutes ces erreurs participent à l'enlisement au cours de l'automne 1944. Aubin, *La Course au Rhin…*, *op. cit.*

14

Le chef de char Wittmann a-t-il stoppé les Alliés ?

Dans cet affrontement titanesque, l'individu est comme effacé. On l'imagine incapable d'infléchir seul le cours des événements. Le temps ne serait plus aux héros mais aux comptables. Pourtant, l'un des récits les plus célèbres de la bataille reste celui de Michael Wittmann, un chef de char d'un Tiger du 101e bataillon de chars lourds de la SS qui aurait à lui seul, le 13 juin 1944, empêché les Anglais de prendre à revers la ville de Caen. Pour Carlo D'Este, « un commandant de char allemand audacieux et brillant avait réduit à néant tout espoir de progression […] et avait forcé la 7e DB à se mettre sur la défensive. L'exploit sensationnel de Wittmann avait grandement soulagé les Allemands[1] »… Et infligé une terrible humiliation aux Anglais. Depuis, Wittmann est devenu un mythe, prouvant que l'individu peut par la

1. D'Este, *Histoire du débarquement, op. cit.*, p. 186.

force de sa volonté l'emporter sur les masses mécaniques[2].

Michael Wittmann a 30 ans en 1944. Il a grandi dans un milieu rural malmené par les crises de l'entre-deux-guerres. Dépourvu de conscience politique, il est facilement séduit par le discours rassurant et revanchard d'un « homme providentiel ». Comme des millions, il décide de participer à la construction de l'Allemagne nouvelle. Il s'inscrit au service du travail volontaire en 1934. Chantier après chantier il adhère aux valeurs national-socialistes et rejoint neuf mois plus tard la Wehrmacht, puis, en 1937, la SS… pour y retrouver la camaraderie et le dévouement aveugle à son Führer qu'il confond avec du patriotisme. Les organisations nazies ont transformé ce fils de paysan en un soldat politique. Wittmann traverse les premières campagnes au sein d'une batterie de canons d'assaut, aveugle aux horreurs qu'il côtoie, au sort des civils slaves. Ses écrits le montrent : il ne fait plus qu'un avec ses camarades. Ce sont ses exploits à bord de son Tiger à Koursk qui fondent sa légende. Invité par Hitler en février 1944 pour recevoir sa croix de chevalier avec feuilles de chêne eu égard à ses 114 trophées, il devient un héros national et chef d'une compagnie à la veille du 6 juin.

2. L'hagiographie canonique est à retrouver chez Paul Carell, *Sie kommen*, 1960 (trad. *Ils arrivent*, Paris, Robert Laffont, 1962, p. 279-284 et 453).

La Durandal de ce Roland moderne, qui fait également office de destrier, est une belle bête de 57 tonnes (contre une trentaine pour les chars alliés), surblindée et armée d'un canon de 88 mm mortel jusqu'à 2 000 mètres... Il serait parfait s'il n'était si lent, si gourmand et si capricieux au point d'exiger une maintenance personnalisée. C'est pour cette raison que les Tiger sont regroupés en bataillons indépendants, à raison d'une quarantaine de félins par unité, et non intégrés aux divisions de panzers. Celui de Wittmann arrive en Normandie le 12.

À cette date, le front se fige. Il demeure juste une brèche de 15 kilomètres au centre entre Caumont (qui vient d'être pris par les Américains) et Tilly-sur-Seulles (où la *Panzer Lehr* résiste aux Britanniques). Montgomery et Dempsey sont alors soucieux de ne pas s'enfermer dans une tête de pont trop étriquée. Le 10 juin, Dempsey imagine larguer la 1re division aéroportée au sud de Caen et prendre en tenaille la ville ; à l'est, en s'élançant depuis la tête de pont de l'Orne ; à l'ouest, en introduisant la 7e DB, les « rats du désert », dans la brèche[3]. Si l'attaque à l'est tourne court tandis que les aviateurs refusent tout net l'emploi suicidaire des paras, à l'ouest, la 7e DB, elle, avance de 8 kilomètres sans rencontrer d'opposition le 12 juin. Le lendemain matin, un peu après 8 heures, son avant-garde entre dans Villers-Bocage, un carrefour

3. D'Este, *Histoire du débarquement, op. cit.*, p. 175.

situé à 20 kilomètres au sud-ouest de Caen. La 7e DB est sur les arrières de la *Panzer Lehr* à mi-distance des berges de l'Orne, son objectif. Avant de poursuivre, il faut sécuriser la cote 213, une butte située à 2 kilomètres au nord-est sur la route de Caen. À 9 h 05, des officiers sont à son sommet et un escadron de chars Cromwell s'y déploie. La végétation rend cependant l'observation difficile. En contrebas, une colonne de 25 véhicules s'arrête « pare-chocs contre pare-chocs » le long de la route coincée entre deux haies pas très hautes, mais denses. Les hommes se dégourdissent les jambes… Personne ne verrouille la position. Personne ne semble se soucier que l'on ait perdu le contact avec les reconnaissances, ni que des véhicules allemands soient visibles depuis la hauteur. L'avance facile a anesthésié les réflexes.

Sans le savoir, les Britanniques ont pénétré dans la tanière de la compagnie B du lieutenant Wittmann. Elle n'a que 6 de ses 14 Tiger, les autres ont été victimes d'ennuis mécaniques. La première compagnie en a huit qui campent à 10 kilomètres à l'est, la troisième est à Falaise, trop loin. Wittmann découvre la colonne quand celle-ci stoppe à 200 mètres de lui. Sans rien connaître de son adversaire, mais conscient de devoir porter un coup d'arrêt immédiat, il embarque dans le Tiger le plus proche, constate que le moteur tousse, change de char, ordonne à l'officier dont il prend la place d'aller prévenir les autres pour qu'ils nettoient la cote 213 pendant que lui remontera la colonne en direction de Villers-Bocage. À 9 h 05, il allume à bout portant les premiers véhicules ennemis (peut-être aidé d'un autre Tiger embusqué). Impuissants, les Anglais voient le monstre remonter la colonne. Un à un, chars et chenillettes s'embrasent. Wittmann entre ensuite dans la rue principale de Villers-Bocage, y détruisant d'autres chars au repos, avant de tomber nez à nez sur des Firefly dont la pièce de 17-pdr (canon long de 76,2 mm) peut percer même un Tiger. Il recule, mais son char est immobilisé, son train de roulement touché[4]. Lui et son équipage doivent fuir discrètement le champ de bataille à pied, laissant derrière eux un paysage de désolation. Six chars moyens, trois légers, deux d'observation d'artillerie brûlent, 18 half-tracks et chenillettes se consument, deux canons antichars gisent démantelés, une quarantaine d'Anglais ont été tués ou blessés en moins d'une quinzaine de minutes[5].

Pendant ce temps, le reste de la compagnie de Wittmann nettoie la cote 213 et capture le commandant de l'avant-garde. La chaîne de commandement anglaise est désorganisée, et voilà les Britanniques contraints de reprendre la butte s'ils

4. Les récits diffèrent et il est illusoire d'espérer reconstituer parfaitement l'instant. Ce qui est sûr, c'est que l'équipage doit abandonner son char endommagé et que Wittmann ne reviendra plus dans la petite cité.

5. Henri Marie, *Villers-Bocage*, Saint-Martin-des-Entrées, Heimdal, 2003, p. 62-70, et Daniel Taylor, *Villers-Bocage*, Barnsley, Pen & Sword Books, 2023, p. 49-102.

veulent poursuivre leur avance. Encore faut-il en avoir les moyens. Or, ce n'est plus le cas. Les deux compagnies de fantassins et l'escadron de chars qui ont survécu à l'attaque se retranchent dans la ville en attendant des renforts. Mais les premiers à se présenter sont allemands, il s'agit d'une quinzaine de Panzer IV de la *Lehr*, Puis, à 13 heures, des huit Tiger de la compagnie A. Confiants, les SS entrent dans la petite cité sans appui. Mal leur en prend, six Tiger sont détruits sur huit ainsi que deux Panzer IV. À l'instar de Wittmann, la compagnie A s'est engagée dans des rues étroites sans prendre la peine de se faire accompagner par de l'infanterie. Les Britanniques ne sont pas les seuls à faire preuve de suffisance.

Pour autant, la situation anglaise se détériore. Tandis que les Allemands sont toujours plus nombreux avec un renfort d'infanterie et un soutien d'artillerie de la 2e division de panzers, les Britanniques peinent à renforcer leur avant-garde, et le commandant de la 7e DB leur ordonne d'abandonner Villers-Bocage. Le soir, une grosse moitié de la DB se regroupe à 4 kilomètres à l'ouest, formant un môle de résistance (une *Brigade Box*), les autres unités tiennent le corridor. Le lendemain, plusieurs assauts ennemis venant de trois côtés sont repoussés. Personne au sein de l'état-major du 30e corps n'autorise l'envoi de renforts[6], Bucknall préfère attaquer frontalement le verrou

6. Taylor, *Villers-Bocage*, *op. cit.*, p. 198-224.

de Tilly-sur-Seulles avec la 50e DI pour écraser la *Panzer Lehr*, la DI servant de marteau et la 7e DB d'enclume. Sans succès ! Dans ces conditions, trop exposée, la 7e DB abandonne le saillant et la victoire aux Allemands.

Pour impressionnant qu'il soit, le raid solitaire de Wittmann n'a pas été l'élément décisif de cette victoire. Il n'a pas repoussé seul toute une DB, forte de 14 000 hommes et 2 000 véhicules, dont plus de 280 chars. Il n'a même pas démoralisé son ennemi. Pris isolément, le raid n'aurait été qu'un feu de paille. Une fois le Tiger immobilisé, rien n'aurait empêché les Anglais de reprendre leur marche en avant. Ce qui a fait la différence, c'est l'ordre qu'il a donné à ses subordonnés de reprendre la cote 213. Aurait-il fait le choix de la nettoyer aux côtés de ses camarades que l'issue de la bataille aurait été identique. Le combat a basculé définitivement quand, en moins de deux heures, un groupement tactique de la *Panzer-Lehr* et deux bataillons d'infanterie mécanisée de la 2e Panzer ont pris en étau les Britanniques[7]. Dès le milieu de l'après-midi, les Allemands pressaient le long des 9 kilomètres du corridor. L'esprit d'initiative à tous les échelons a fait la différence.

Cette victoire doit aussi aux erreurs britanniques. Dempsey concédera que « la façon dont cette

7. Frédéric Deprun, *La 2. Panzer-Division*, t. 1, Saint-Martin-des-Entrées, Heimdal, 2019, p. 288-304.

bataille a été menée fut une véritable honte[8] ». Tactiquement, il est incompréhensible qu'une colonne mette pied à terre sans sécuriser les environs. Les chars Tiger n'étaient qu'à 200 mètres dans un chemin creux en contrebas. À un échelon supérieur, le contraste est saisissant entre la réactivité allemande et la passivité du général Erskine qui commandait la 7e DB. Sa division s'étirait en longues colonnes de plusieurs kilomètres sur une unique route avec des reconnaissances défaillantes et privée de l'appui de l'aviation, gênée par une météo pluvieuse. Après le coup d'arrêt, il a tergiversé, tardant à contourner l'obstacle par le sud avant de finalement s'enfermer dans un hérisson. Ses tactiques, héritées du désert, se sont fracassées sur la réalité du bocage. À sa décharge, ses supérieurs l'ont également abandonné. Il y avait une brigade d'infanterie disponible, mais Bucknall s'est dit qu'elle serait d'une plus grande aide en attaquant Tilly. Cette hypothèse était pourtant très présomptueuse étant donné que la 50e DI s'y cassait les dents depuis quatre jours. Peut-être a-t-il craint qu'en affaiblissant son front, la *Lehr* n'en profite pour attaquer vers Gold Beach qui n'était qu'à 17 kilomètres, mais de là à y laisser cinq brigades d'infanterie et une blindée alors qu'il n'engageait qu'une d'infanterie et une blindée dans le saillant, les comptes n'y étaient pas ! Quant à son supérieur, Miles Dempsey, il a mis

8. D'Este, *Histoire du débarquement*, *op. cit.*, p. 176.

son veto à l'envoi de deux autres brigades qui venaient de débarquer, les jugeant trop tendres. Les Britanniques n'avaient dès lors pas les moyens de leurs ambitions. Avec seulement deux divisions, la 50e DI pour fixer la *Lehr* et la 7e DB pour la tourner, il manquait une autre unité au 30e corps pour sécuriser les arrières de la DB qui devait s'enfoncer de 35 kilomètres à travers les lignes ennemies. Même sans l'esprit d'initiative de Wittmann, il est certain qu'Erskine ne serait pas allé plus loin en découvrant qu'il était pris en tenaille par des unités d'élite allemandes.

La charge de Wittmann a eu d'autres répercussions. Une fois médiatisée, elle a nourri une paranoïa côté britannique. Tous les Panzer IV furent confondus avec un Tiger, car ils partageaient la même silhouette, dissuadant encore davantage les tankistes alliés de s'exposer. Et pourtant l'intervention des Tiger dans l'après-midi avait été, au mieux, mitigée. Seuls deux d'entre eux étaient ressortis intacts de Villers-Bocage et, en deux jours, le bataillon ne disposait plus que du tiers de ses chars (neuf détruits, vingt et un en maintenance)[9].

L'exploit, monté en épingle par la propagande, a persuadé un peu plus les tankistes allemands de leur supériorité au risque de les amener à forcer leur chance. Deux mois plus tard, Wittmann décidera à nouveau d'attaquer sans reconnaissance, sans appui, avec sept de ses Tiger, en apprenant que le

9. Zetterling, *Normandy 44*, *op. cit.*, p. 177.

front avait été percé dans la nuit du 7 au 8 août. Mais cette fois, les Britanniques, bien camouflés, les attendaient et en allumèrent cinq de flanc, dont celui de l'as. Wittmann est mort comme un bleu, victime de l'intelligence tactique de ses adversaires ; une fin inacceptable pour ses admirateurs qui en inventeront d'autres plus conformes à une légende : parfois une mort chevaleresque, wagnérienne, au crépuscule, après avoir retenu pendant des heures les hordes ennemies, parfois une mort édifiante, frappé par une roquette d'un chasseur-bombardier, victime du matérialisme qu'il combattait, en écho au noble chevalier vaincu au XVe siècle par l'anonyme poudre à canon[10].

10. Nicolas Aubin, « Qui a tué Wittmann ? », *Batailles & Blindés*, n° 59, 2014, p. 42-55.

15

Les Britanniques et les Canadiens ont-ils été à la traîne ?

« Quand on se plonge dans le détail des opérations en Normandie, constater à quel point nos performances ont été mauvaises finit par en devenir gênant et déprimant », écrira après-guerre le stratégiste anglais Sir Basil Liddell Hart désabusé[1]. Il est vrai que l'enlisement devant Caen a alimenté une image négative de l'armée de Sa Gracieuse Majesté. Incapable de manœuvrer, d'exploiter les opportunités, prudente à l'excès, elle aurait été aussi peu performante que mal commandée. L'opération « Goodwood », malgré 1 000 bombardiers lourds et 1 200 chars, ne s'est-elle pas fracassée sur la défense allemande ? Quelques jours plus tard, la tentative pour élargir la percée américaine en enfonçant le centre allemand

1. Liddell Hart Center for Military Archives, King's College, Londres, Liddell Hart Papers, 1/292/100, Lettre de Liddell Hart à C. S. Forrester, 18 février 1952.

(opération « Bluecoat ») marque un nouvel échec. En août, celle de fermer la poche de Falaise n'est pas plus un succès (opération « Totalize »). L'infanterie manquerait d'agressivité et elle serait trop prévisible[2]. Les tankistes seraient également en cause, qui refuseraient de combattre, persuadés d'avoir des chars inférieurs à ceux de l'ennemi. Par peur d'être brûlés vifs dans la carcasse, certains les auraient abandonnés intacts. Ce *british bashing,* alimenté par la littérature américaine, trouve en France un terreau favorable. Quitte à ignorer les contraintes systémiques qui ont pesé sur l'armée britannique[3].

Les Britanniques sont tout d'abord convaincus que leur civilisation ne survivra pas à un bain de sang comparable à celui de la Grande Guerre (près de 900 000 morts et 1 600 000 blessés pour le seul Royaume-Uni). Les nouvelles générations n'accepteront plus les mêmes sacrifices. La doctrine accorde dès lors une place essentielle à la préservation du sang et du moral. En outre, en 1944, l'armée manque dramatiquement de fantassins. Les gros contingents sont absorbés par la Royal Navy, la RAF, mais également l'industrie, car le pays peine à féminiser ce secteur. La structure

2. D'Este, *Histoire du débarquement, op. cit.*, p. 284.

3. Ces clichés perdurent d'autant que les éditeurs n'ont traduit aucun des très bons ouvrages parus depuis vingt-quatre ans. Il n'en existe qu'une synthèse : Benoît Rondeau, *Le Soldat britannique. Le vainqueur oublié de la Seconde Guerre mondiale,* Paris, Perrin, 2021.

de l'armée elle-même divertit une masse considérable des recrues vers les services de l'arrière (intendance, artillerie...). Sur 18 000 hommes que compte une DI, 4 500 sont des fantassins. Au total, seulement 16 % des effectifs de la 2e armée sont versés dans l'infanterie[4]. La situation est pire dans la petite armée canadienne (trois divisions, moins de 80 000 hommes). En quinze jours, cinq bataillons sur les neuf de la 2e DI ne sont plus pleinement opérationnels. Et sans perspective de renforts à court terme, puisque le gouvernement d'Ottawa n'envoie au front que les volontaires. Les officiers britanniques et canadiens combattent avec l'angoisse permanente qu'un revers cassera définitivement l'épée. Quant au moral, Montgomery est viscéralement attaché à sa préservation, tant il le juge fragile. À tort ? Les études indiquent, en tout cas, que les cas de psychonévroses, les désertions et les mutilations volontaires sont comparables à ceux de l'armée américaine[5]. L'importance des pertes démontre aussi qu'il n'y a pas eu de refus de s'exposer de la part des soldats, à une exception près. Il n'est pas rare de voir des bataillons fondre du quart, voire du tiers en vingt-quatre à quarante-huit heures[6]. En quarante jours, sur les

4. TNA, CAB 106/1121, p. 25.

5. S. Hart, « Mourir pour la liberté ? Le moral des troupes britanniques et canadiennes en Normandie », *in* Leleu (dir.), *Le Débarquement*..., *op. cit.*, p. 133.

6. Lors des cinq jours d'« Epsom », les Écossais de la 15e DI perdent 58 % de leurs fusiliers (2 331 pertes) et la 2e DI

10 divisions d'infanterie au combat, trois dépassent déjà les 100 % de pertes chez les fusiliers, tandis que quatre atteignent les 50 %[7]. En moyenne, le pourcentage des pertes de la 2e armée est triple de celui de la 8e armée en Italie durant l'été 1944[8]. Les Britanniques se rapprochent du point de rupture. Le 14 août, « Monty » adresse à Brooke un câble bien sombre : « Regrette que moment soit maintenant venu de démanteler une division d'infanterie. Mes divisions d'infanterie ont une puissance de feu si faible qu'elles ne peuvent plus – je répète, NE PEUVENT PLUS – intervenir efficacement dans les grandes opérations[9]. »

Comment ces constats n'affecteraient-ils pas la conduite de la campagne[10] ? « Monty » refuse de prendre des risques et d'exposer longtemps une même troupe. L'état-major monte le plus souvent des attaques en échelon, où chaque unité a un

---

canadienne en perd 33 % le seul 25 juillet (1 500) (D'Este, *Histoire du débarquement, op. cit.*, p. 246, et Terry Copp, *Fields of Fire*, Toronto, University of Toronto Press, 2003, p. 179.

7. Jonathan Fennell, *Fighting the People War. The British and Commonwealth Armies and the Second World War*, Oxford, Oxford University Press, 2019, p. 512.

8. La 2e armée perd 9,8 % de ses effectifs par mois quand la 8e armée en Italie n'est qu'à 3,1 %. *Ibid.*, p. 512.

9. Cité *in* D'Este, *Histoire du débarquement, op. cit.*, p. 264.

10. Stephen A. Hart, *Colossal Cracks. Montgomery's 21st Army Group in Northwest Europe, 1944-45*, Greenwood Press, 2000, p. 20-69.

objectif limité à atteindre, puis le sécurise, avant que des troupes fraîches ne la relaient pour partir à la conquête de l'objectif suivant. Une telle tactique n'est pas dénuée de bon sens. Que ce soit le 6 juin ou lors d'« Epsom » à la fin du mois, anticiper des contres allemands a été l'occasion de tendre des embuscades. Le plan de « Totalize », le 8 août, en intègre une dès sa conception. Il est découpé en deux phases d'attaque, une la nuit et une l'après-midi suivante, entrecoupées d'une pause le matin pour défaire la réaction allemande. Revers de la médaille : cette tactique exige une coordination et des déplacements complexes et chronophages. Ainsi, le 8 août, après avoir défait la contre-attaque, le 2e corps canadien tergiverse parce que la deuxième vague est enlisée dans des embouteillages. L'occasion de déchirer le front est perdue. Autre inconvénient : dans une attaque en échelon, seule une fraction des forces combat simultanément. Le 9 août ne sont engagés conjointement que quatre bataillons de chars sur 14 et un bataillon d'infanterie sur 26[11] !

L'infanterie manque de mordant, avec des sections de seulement 10 soldats et, pour toute arme collective, un fusil-mitrailleur Bren et deux mortiers de 2 *inches* juste bons à répandre un écran de fumigènes. Les choix britanniques opérés dans l'entre-deux-guerres privilégiaient un

11. Brian A. Reid, *No Holding Back. Operation Totalize, Normandy, August 1944*, Robin Brass, 2004.

équipement léger afin de faciliter les déploiements dans l'Empire et de tenir compte de la pénurie d'hommes[12]. La manœuvre se trouve donc cantonnée à l'échelon de la compagnie, avec l'appoint d'armes lourdes du bataillon de soutien, quitte à complexifier le combat. Or les armes d'appui direct sont elles-mêmes médiocres. Les mitrailleuses Vickers sont trop lourdes et l'infanterie ne dispose pas de canons. À cause des terribles pertes en matériels après Dunkerque, l'obligation de produire en masse et vite a interdit le développement d'autres équipements.

Restent les chars. Aucune DI n'attaque sans une brigade de chars indépendants (168 blindés). Contrairement à leur réputation, ils ne sont plus aussi médiocres en 1944 qu'au début de la guerre. Le rapide Cromwell n'a rien à envier au Panzer IV, tandis que le char d'accompagnement de l'infanterie Churchill trouve en Normandie un terrain pour exprimer ses qualités d'increvable cheval de labour. De toute façon, 70 % des chars sont des Sherman d'origine américaine. Dans la version livrée aux Britanniques, ce char s'enflamme facilement, mais il est fiable et polyvalent. D'autant que 20 % d'entre eux ont été réarmés avec l'excellent tube antichar de 17 pdr. Leurs performances brutes ne sont

12. David French, *Raising Churchill's Army, The British Army and the War against Germany, 1919-1945*, Oxford, Oxford University Press, 2000, p. 83-88.

inférieures qu'à celles des Panther et Tiger, qui ne pèsent qu'un tiers de l'arsenal ennemi. Le vrai problème des Britanniques est de correctement les employer, surtout au moment où la généralisation des armes antichars d'infanterie (mines antichars, *Panzerfaust*) les menace. Or, les chars britanniques opèrent trop souvent sans la couverture de l'infanterie, ou demeurent en retrait pour servir d'artillerie supplémentaire. Il n'y a aucun moyen pour un chef de char de communiquer avec les fantassins[13]. L'historien David French estime que ces difficultés sont la conséquence de l'absence de doctrine commune et de la rareté des exercices interarmes. Le règlement assure au chef de l'escadron ou du peloton qu'il reste « le seul juge de la façon dont il pourra le mieux employer ses moyens ». La doctrine britannique autorise tout et n'interdit rien[14].

L'aviation pourrait offrir une alternative, mais les Britanniques peinent à inventer un appui au sol réactif et précis (*cf.* chap. 21). Même les bombardements par plus d'un millier de quadrimoteurs géants n'emportent pas la décision.

---

13. John Buckley, *British Armour in the Normandy Campaign*, Londres, Frank Cass, 2004, p. 70-105.

14. David French, *Military Identities. The Regimental System, the British Army & the British People 1870-2000*, Oxford, Oxford University Press, 2005, p. 264 et Terry Copp, « The 21st Army Group in Normandy, Toward a New Balance Sheet », *in* Buckley (dir.), *The Normandy Campaign…*, *op. cit.*, p. 15.

L'armée cherche alors d'autres solutions techniques. Elle dispose du char fléau anti-mines, du char porte-fascine « AVRE », du char lance-flammes « Crocodile ». Ce sont des réussites techniques, mais jamais produites en quantité suffisante pour avoir un impact autre que local. Ne reste que l'artillerie, érigée en arme maîtresse. Au traditionnel barrage s'ajoutent une contre-batterie précise, des appuis réactifs et le redoutable « Time on Target » qui permet de concentrer les feux de plusieurs régiments sur la même cible à la même seconde. Impossible pour les Allemands de survivre à un tel matraquage en terrain dégagé. En attaque comme en défense, les Britanniques ne s'imaginent plus combattre au-delà du périmètre de ce parapluie de fer. Le moindre bataillon d'infanterie est soutenu par une centaine de pièces. C'est le nombre de canons qui détermine la largeur de la zone d'attaque. Impossible d'agir sur un large front et de le faire dans la durée. « Epsom » engage 60 000 hommes et 700 pièces sur un front de moins de 5 kilomètres. La bataille dure cinq jours. Le seul barrage préliminaire de « Totalize » consomme 282 000 obus. L'opération en elle-même rassemble 650 chars, 20 000 véhicules et 85 000 hommes sur 7 (phase I) puis 4 kilomètres (phase II) et elle s'essouffle dès le troisième jour. À chaque fois, les mouvements sont freinés par des embouteillages à l'intérieur du périmètre étriqué du parapluie. L'assaillant se prive de l'opportunité de suivre la ligne de moindre résistance. Son avance en entonnoir facilite le colmatage. L'armée britannique n'est apte qu'à repousser l'ennemi en le taillant en pièces. Les opérations se transforment en coups de boutoir violents, mais géographiquement bornés et brefs, surnommés les *colossal cracks*.

Cette configuration implique une planification minutieuse, ne serait-ce que pour fixer les itinéraires et les horaires du second échelon qui doit cohabiter avec les convois de ravitaillement du premier et les convois descendants. Il n'est dès lors plus possible d'appliquer les directives martelées depuis 1932 encourageant à la prise d'initiatives par les subordonnés sur le modèle allemand, car ce serait l'assurance de ruiner cette horlogerie. D'autant plus impossible que tout l'écosystème de l'armée s'y oppose. Tout d'abord, par tradition, les officiers dédaignent les injonctions – quand elles s'appliquent à eux. De plus, ces derniers demeurent persuadés que le rationalisme permet de domestiquer le chaos du combat. Dans leur imaginaire, la bataille se décompose en phases chronométrées et en micro-combats que l'on coordonne à la radio[15]. Troisième raison de brider les initiatives : personne n'a confiance dans ses subordonnés. L'institution conserve une image déplorable des soldats et des sous-officiers. « Tout ce que je peux faire avec mes hommes, le genre d'hommes que j'ai, c'est de les persuader de sortir de leur trou, de marcher

15. French, *Raising Churchill's Army…*, *op. cit.*, 2000, p. 189-199.

sur l'objectif, de faire là-bas un autre trou et de s'y terrer », commente, désabusé, un général[16]. Contrairement à l'armée allemande, les subordonnés ne sont pas entraînés à se substituer à leur chef si ce dernier est mis hors de combat[17]. Les généraux de métier n'ont pas confiance dans les officiers issus de la mobilisation. Et même le chef d'état-major n'a pas confiance dans ses généraux de métier. « La moitié de mes chefs de corps et de division sont totalement inaptes à leurs fonctions, mais si maintenant je les vire tous, je ne trouverai pas mieux ! Ils manquent de caractère, d'imagination et de leadership[18]. »

La formation britannique a failli. Non seulement les écoles militaires et les écoles d'états-majors ont été incapables d'enseigner une doctrine cohérente, mais elles ont aussi façonné un imaginaire déconnecté du réel. Tout cela encourage à commander en rênes courtes. Le subordonné est sommé d'exécuter des ordres précis. C'est le *Restrictive Control*[19]. Pour les mêmes raisons, l'entraînement

---

16. Lettre du général Shelford Bidwell à Carlo D'Este, 25 novembre 1982, cité in D'Este, *Histoire du débarquement*, *op. cit.*, p. 284.

17. TNA, WO 232/21, DTI, Lt. Col. A. E. Warhurst GSO1 (L), « Notes on the Fighting in Normandy » et French, *Military Identities*..., *op. cit.*, p. 288.

18. Danchev et Todman (éd.), *War Diaries*..., *op. cit.*, p. 243.

19. Charles J. Dick, *From Victory to Stalemate. The Western Front Summer 1944*, Lawrence, Kansas University Press, 2016, p. 61-63.

de la troupe pendant des mois en Angleterre (un luxe que n'ont jamais eu les Allemands ou les Soviétiques) n'a pas porté ses fruits. Chaque régiment est demeuré libre de conduire son propre programme sans tenir forcément compte des enseignements en Méditerranée. Ils ont, par exemple, ignoré l'apparition des groupes de contre-batteries mis sur pied en Italie pour museler les redoutables mortiers allemands. Enfermés dans leurs préjugés, les instructeurs se sont contentés de dresser leurs hommes, sans avoir l'ambition d'en faire des combattants[20].

Pour des raisons identiques, comme chaque régiment dispose d'une identité affirmée, leurs officiers sont encouragés à développer leurs propres réponses sans souci d'harmoniser les pratiques – « ce qui est dans le bataillon, reste dans le bataillon[21] » –, cette posture freine la diffusion des innovations[22].

---

20. Timothy Harrison-Place, *Military training in the British Army, 1940-1944*, Londres, Routledge, 2000, et French, *Raising Churchill's Army…*, *op. cit.*, p. 199-207.

21. Il faut ici entendre « régiment » au sens britannique d'unité administrative créée sur une base territoriale. Chaque régiment forme un nombre variable de bataillons qui sont ensuite répartis au sein des unités combattantes.

22. Comme la création de groupements interarmes sous commandement unique à la 11e DB, la mise en place de pratiques facilitant la coopération char/infanterie au sein des 49e et 15e DI et les innovations en chaîne du général de corps d'armée canadien Guy Simonds.

Combinés, ces éléments concourent à multiplier la friction chère à Clausewitz qui grippe les opérations[23]. L'armée britannique et, par mimétisme, l'armée canadienne, bien qu'en guerre depuis 1939, débarquent en 1944 avec des fragilités profondes. Il est finalement heureux que Montgomery ait renoncé à transformer ce cheval de labour en un étalon, conscient qu'il n'était pas un faiseur de miracle. Il s'est contenté de tirer le plus de profit de cet outil imparfait. Et c'était déjà beaucoup.

23. Clausewitz est, au début du XIXe siècle, le premier à clairement théoriser que la guerre est une activité où des milliers de facteurs interagissent dans un climat hostile à tel point que les choses les plus simples deviennent difficiles.

16

Le Reich a-t-il failli rejeter les Alliés à la mer ?

Dès le 6 juin, ordre est donné de rejeter les Alliés à la mer. Le groupement Meyer et la 21e Panzer en sont bien incapables. Les pertes sont lourdes, et au soir moins de 50 000 Allemands et une centaine de chars font face à 150 000 soldats alliés et 1 400 blindés, soutenus par l'artillerie de marine et une aviation omnipotente. À moins d'une journée de marche, les Allemands ne disposent que de deux DB (35 000 hommes et 400 panzers). Les autres demeurent l'arme au pied, parce qu'elles ne sont pas opérationnelles (2e SS, 9e et 11e Panzer), qu'elles sont mises en réserve dans l'éventualité d'un second débarquement (2e Panzer), ou pour ces deux motifs (1re SS et 116e Panzer). Elles ne seront libérées qu'au compte-gouttes : la 2e Panzer le 9 juin, et un groupement de la 2e SS le 12. Aucun des scénarios envisagés par les états-majors avant le Jour J n'est suivi, l'improvisation est totale.

Le rapport de force est tel que toute chance de rejeter les Alliés est déjà perdue.

Les Allemands n'en ont cependant pas conscience. Goebbels note dans son journal que « le Führer est fermement convaincu que l'on réussira à rejeter à la mer les unités ennemies[1] ». Par trois fois, ses troupes s'y essayeront, par trois fois elles échoueront. L'étude de ces opérations révèle à quel point les dirigeants nazis étaient déconnectés du réel et la Wehrmacht incapable de réitérer la *Blitzkrieg* des années passées, ce qui surprend davantage.

La première tentative a lieu entre les 7 et 9 juin. Chacun s'active à mettre sur pied une contre-offensive au départ de Caen. L'attaque est confiée aux 21e Panzer, 12e SS et *Panzer Lehr* sous la férule du 1er corps SS de Dietrich. Dietrich, qui ne dispose pas de la moitié de ses radios, arrive en soirée du 6, sans rien connaître de la situation et il ne trouve personne pour l'éclairer. Dans le flou, il improvise un plan standard : rassembler ses trois DB et attaquer après une préparation d'artillerie et avec l'appui de la Luftwaffe, si possible vers 16 heures le 7 juin. Qu'un chef de corps ne sache rien de l'état lamentable de la Luftwaffe est symptomatique des illusions du commandement allemand. En outre, il ignore tout autant que la 21e Panzer est accrochée de part et d'autre de l'Orne au point de ne déjà plus pouvoir attaquer ;

1. Goebbels, *Journal 1943-1945*, *op. cit.*, p. 460.

que les premiers éléments de la 12e SS à peine débarqués ont dû contrer la menace canadienne au nord de Caen et que la *Panzer Lehr* est retardée d'une journée par les « Jabos », les chasseurs-bombardiers alliés. Les officier de la 12e SS restent pourtant optimistes : « La division, de concert avec la 21e Panzer, va attaquer l'ennemi débarqué et le rejeter à la mer. [...] Objectif : la plage[2]. » Finalement, la contre-offensive sera réduite les 7 et 8 juin à des contre-attaques locales, fortes tout au plus d'une cinquantaine de chars et d'un millier de grenadiers. Les combats contre les Canadiens sont d'une extrême violence, de jour comme de nuit – avec des cas d'exécutions sommaires de part et d'autre –, qui conduisent à la solidification du front.

Pendant ce temps, Bayeux tombe et le 30e corps anglais déborde les SS par l'ouest. La *Panzer-Lehr* y est détournée. Rommel lui ordonne de reprendre la ville, mais l'ennemi est trop agressif. La division est acculée et s'étire sur 17 kilomètres. C'est là le drame des Allemands. Ils sont toujours pris de court. Chaque nouvelle unité est jetée dans la fournaise, en ordre dispersé, pour colmater. Impossible de rassembler une masse de manœuvre. La 7e armée se rend à l'évidence, « l'ennemi a

2. Ordre du Ia, 12. SS Pz-Div., 6.06.44 cité *in* C.P. Stacey, *La Campagne de la Victoire. Les Opérations dans le nord-ouest de l'Europe, 1944-1945*, Ottawa, Ministère de la Défense nationale, 1960, p. 140.

débarqué des forces d'une plus grande puissance que ce à quoi le groupe blindé Ouest peut faire face. Au vu de la complète suprématie aérienne et de la puissance de l'artillerie de l'ennemi, ainsi que notre manque de munitions et de carburant, seule peut être envisagée une contre-attaque nocturne[3] ». Non seulement la contre-offensive ne s'est pas matérialisée, mais en plus les panzers sont fixés et déjà affaiblis. « Monty » a gagné le premier round.

Rommel envisage alors de déplacer le centre de gravité de son front vers le Cotentin pour « anéantir l'adversaire dans cette région et le détourner de Cherbourg[4] ». Encore faudrait-il relever les divisions de panzers du secteur de Caen pour les y envoyer, ce qui est impossible en l'absence de DI en nombre suffisant. Le maréchal n'a plus la capacité de peser sur la bataille. On n'insistera jamais assez sur cette impuissance imposée par l'agressivité de son adversaire. On comprend mieux dès lors que Rommel ait envisagé dès la mi-juin un repli. Mais cette option est inacceptable pour Berlin, car elle signifierait que l'invasion ne peut être repoussée, hypothéquant toute la stratégie hitlérienne. En

3. Mark Reardon, *Defending Fortress Europe, the War Diary of the German 7th Army in Normandy, 6 June to 26 July 1944*, The Aberjona Press, 2012, p. 56.

4. Rapport hebdomadaire du groupe d'armées B signé Erwin Rommel du 12.06.1944, cité *in* James A. Wood (éd.), *Army of the West. The Weekly Reports of German Army group B from Normandy to the Westwall*, Stackpole, 2007, p. 58.

fait, retraiter signifierait admettre que le IIIe Reich a perdu la guerre. Mieux vaut « mener la bataille décisive par un ultime engagement et en tenant compte du risque qui y est associé[5] ». Tenter le quitte ou double en profitant que les panzers ne sont encore qu'à quelques kilomètres des plages.

Rommel et Schweppenburg sont sommés de plancher sur une nouvelle contre-offensive. Le 19 juin, le groupe d'armées B propose de frapper en force à la jointure des forces américaines et britanniques, tous moyens mécanisés réunis (les quatre DB dorénavant présentes et quatre divisions de panzers SS en voie d'acheminement), mais les prérequis sont tels qu'il ne faut pas y voir autre chose qu'une comédie pour plaire au Führer[6]. Cette grande offensive aurait été, de toute façon, prise de vitesse par une nouvelle charge britannique. Le 26 juin, Dempsey déclenche « Epsom », une offensive à l'ouest de Caen pour franchir l'Odon et ainsi menacer la ville par le sud-ouest. Le but premier est d'y fixer les divisions de panzers SS que les Alliés savent proches. Le coup est violent. Un saillant se constitue au sud de l'Odon, qui menace de rompre le front. Toutes les divisions de panzers envoient des groupements pour prêter main-forte à une 12e SS en souffrance.

---

5. Kriegstagebuch (KTB), OKW, 7, p. 323 cité *in* Leleu, *Combattre en dictature…*, *op. cit.*, p. 515.

6. Benoît Rondeau, *Invasion 44, Le débarquement vécu par les Allemands*, Paris, Tallandier, 2014, p. 219.

C'est alors qu'a lieu la seconde attaque visant à rejeter les Alliés à la mer. Schweppenburg imagine pincer les Britanniques dans le saillant, encercler la pointe, culbuter le reste, puis en profiter pour poursuivre en direction des plages. Il faut, ajoute-t-il enthousiaste, se saisir de cette « *Große Chance*[7] ». En urgence, le groupe blindé Ouest prend le commandement du secteur et délivre ses plans aux éléments des huit DB présentes autour du saillant, plans qui sont à exécuter dès le lendemain ! En fait, les Écossais les attendent. Les *Victor Targets* pleuvent, c'est-à-dire des concentrations de toute l'artillerie d'un corps d'armée qui clouent au sol n'importe quel assaillant. L'échec est cinglant. En ne reprenant que trois kilomètres, Rommel n'a obtenu aucun avantage opérationnel et a usé sa réserve, en particulier le 2e corps de panzers SS tout juste revenu d'URSS. Même si « Epsom » n'a pas eu le succès espéré, « Monty » a gagné un nouveau round.

L'ultime contre-offensive allemande, celle de Mortain, est la plus connue et la plus désespérée. Quand le front est percé et que Patton déferle en Bretagne et en Mayenne à travers le corridor d'Avranches, le groupe d'armées B, dorénavant commandé par le maréchal von Kluge, envisage immédiatement de fermer la brèche, tout en isolant Patton, en attaquant son flanc, là où le corridor est le plus étroit – 30 kilomètres – entre Mortain

7. BAMA, RH20-5/49 : KTB, 29.6.1944, 21 h 45.

et Avranches (opération « Lüttich »). Comme le souligne Walter Warlimont, le chef d'état-major adjoint de la Wehrmacht, à Kluge, « si le front de Normandie ne peut être tenu dans sa longueur de 120 kilomètres, il ne pourra certainement pas non plus l'être en arrière[8] », ni sur la Seine, ni sur la Somme avec 800 kilomètres à défendre. La seule alternative serait la retraite générale jusqu'à la frontière allemande. Ce projet, contrairement à une légende, doit peu à Hitler, qui ne l'évoque pas le 31 juillet lors de sa conférence avec son état-major, et beaucoup aux militaires. L'idée surgit le lendemain lors d'une discussion téléphonique avec Kluge. Ce dernier semble alors optimiste : « La percée peut être évitée si les autres fronts sont dépouillés à l'extrême. » Juste après avoir raccroché, il appelle Hausser, chef d'une 7e armée en pleine débâcle, pour l'encourager. « Il est de la plus grande importance de mettre en œuvre la contre-attaque contre Avranches avec le plus de vitesse et de puissance afin de rétablir la situation », et de lui promettre plusieurs divisions de panzers[9]. Nous sommes loin de l'image d'un maréchal agissant sous la contrainte et persuadé que cette contre-attaque sera suicidaire. Kluge y croit ! En théorie,

8. BAMA, RH 21/5/50, fol. 288-289 : Aktennotitz, 3.08.1944.

9. Heiber et Glantz, *Hitler and his Generals…*, *op. cit.*, p. 444-464, et Mark J. Reardon, *Victory at Mortain*, Lawrence, University Press of Kansas, 2002, p. 46-47.

percer par surprise sur 30 kilomètres est à la portée d'une Wehrmacht qui en a été coutumière sur le front de l'Est. Hitler apporte, en revanche, au projet une dimension stratégique. Le 2 août, il ajoute, enthousiaste, qu'une fois Avranches reprise, la 7e armée ne devra pas s'arrêter en si bon chemin et profitera du désarroi allié pour remonter le Cotentin en direction des plages et de Cherbourg.

Fantasme ! Difficilement, Kluge rassemble des éléments des 2e et 116e Panzer ainsi que des 1re, 2e et 17e SS : 60 000 hommes usés, 300 blindés avec peu de carburant et de munitions. En face, les armées occidentales ne souffrent d'aucune des tares de l'Armée rouge. Les Allemands ne vont pas frapper un adversaire surpris en bout de chaîne logistique, mais un général, Bradley, qui a anticipé l'attaque et qui dispose d'unités parfaitement ravitaillées et coordonnées. Aux 300 panzers répondent 800 Sherman dans un rayon de 30 kilomètres. Les panzers de tête s'engagent sur des itinéraires dont ils ne savent même pas s'ils sont carrossables pour les chars. Dans la nuit du 6 au 7 août, les blindés parcourent quelques kilomètres, contournent des avant-postes, mais, dès que le brouillard se lève, les GI, soutenus par des chars, l'aviation tactique et surtout l'artillerie, clouent des Allemands perdus et mal coordonnés. Sur le terrain, les officiers n'y croient plus et multiplient les attitudes dilatoires pour sauver leurs hommes[10].

10. Leleu, *Combattre en dictature…*, *op. cit.*, p. 532.

Jamais les Allemands n'ont eu la moindre chance de rejeter les Alliés à la mer. D'abord, le manque de moyens était rédhibitoire. Au maximum, le 29 juin, ils n'ont pu rassembler que 350 chars et 60 000 hommes, mais sans disposer des stocks de munitions et de carburant suffisants ne serait-ce que pour un jour complet d'attaque. Dans le saillant de l'Odon, le 8e corps britannique avait 87 000 soldats retranchés et disposait d'une supériorité considérable en artillerie. Ensuite, les Allemands n'ont pas démontré de supériorité tactique manifeste. Les états-majors, en l'absence de reconnaissances, ont donné des ordres contradictoires ou irréalistes. D'autres, à commencer par le groupe blindé Ouest le 10 juin, ont été paralysés à cause de bombardements aériens, faute d'avoir pris les mesures de camouflage suffisantes ou victimes de leur activité radio, laissant leurs subordonnés en déshérence. On a vu une unité de la 12e SS attaquer une position de la *Panzer Lehr*[11]. « Les opérations allemandes donnent l'impression d'une improvisation plutôt hâtive et inefficace, estime l'historien canadien Stacey après avoir étudié les opérations de la 12e SS du 7 au 9 juin. Les attaques furent poussées avec courage et détermination mais avec aucune habileté tactique notable[12]. » Et même parfois avec un manque de bon sens, en témoigne celle des chars de la 12e SS contre le

11. Perrigault, *Panzer-Lehr-Division*, *op. cit.*, p. 162.
12. Stacey, *La Campagne de la victoire*, *op. cit.*, p. 147.

village de Bretteville, sans appui d'infanterie pour tenir le terrain conquis[13]. Jean-Luc Leleu souligne que « la contre-offensive allemande [fin juin] a été menée contre tout bon sens, au mépris des règles les plus élémentaires du combat et de l'expérience déjà acquise en Normandie[14] » : attaque initiale improvisée en plein jour sans étude de la topographie, ce qui conduisit à s'exposer et à s'enferrer dans un terrain difficile ; incapacité à coordonner l'assaut avec un appui-feu ; désorganisation du commandement à tel point que le 29 juin le groupe d'armées B n'avait pas été informé des plans de Schweppenburg[15]. À cela s'ajoute la lenteur à rassembler les troupes, là encore par manque d'essence, du fait des assauts de l'aviation alliée et de l'obligation permanente de colmater.

13. Copp, *Fields of Fire...*, *op. cit.*, p. 73.

14. Jean-Luc Leleu, *10. SS Panzer-Division*, Saint-Martin-des-Entrées, Heimdal, 1999, p. 75.

15. « Au groupe d'armées, on ne sait rien de cette attaque », avoua l'adjoint de Rommel. BAMA, RH20-7/397 : conversation téléphonique entre le Gen. Lt Speidel et le Gen. Lt Pemsel, 29.6.1944, 18 h 20.

17

La logistique a-t-elle été la clé de la victoire ?

Parmi les justifications à leur défaite – supériorité aérienne alliée écrasante, intrusion de Hitler dans les opérations –, les généraux allemands n'oublient jamais la colossale supériorité de l'ennemi en matériels. L'excuse semble facile et permet d'occulter les errements opérationnels et le rééquilibrage tactique entre les deux camps en 1944. Pour autant, elle repose sur une réalité, à tel point que le brillant historien Russell A. Hart juge que « la défaite en Normandie est fondamentalement une défaite logistique de la *Westheer*[1] ».

Avant même que l'opération « Overlord » ne soit programmée, il était acquis qu'elle se ferait avec une débauche de moyens logistiques. Les États-Unis se différencient, en effet, des autres puissances par leur faiblesse militaire initiale, par leur potentiel de mobilisation humain et industriel

1. Hart, *Clash of Arms…, op. cit.*, p 387.

considérable et par l'obligation pour eux de devoir traverser un océan avant de se battre. Ces trois données placent la logistique au cœur de leur pensée, notion entendue non comme le simple ravitaillement des armées, mais comme la capacité à générer et à entretenir un flux de forces assez puissant pour écraser l'ennemi à des milliers de kilomètres. Toute la stratégie américaine repose sur cette capacité à optimiser un effort de guerre inédit dans l'Histoire, et à délivrer le maximum de cette puissance. Pour cette raison, les Américains cherchent l'affrontement du fort au fort afin que cette pression écrasante frappe de manière décisive l'ennemi[2]. Le *Victory Program* en est la transcription politique et la bataille de Normandie une transcription militaire. La conscience qu'une montée en puissance plus rapide que celle de l'ennemi serait indispensable au succès d'« Overlord » n'a fait que renforcer cette dynamique.

En amont, les matériels ne sont plus conçus uniquement pour leurs performances, ils doivent être simples à produire, faciles à transporter et à entretenir : c'est le cas du char Sherman, du camion tout-terrain GMC ou de la Jeep. Quand les Américains conçoivent leurs plans, c'est avec une règle à calcul. Cette approche a pour mérite de rendre le succès moins dépendant des

2. Michael R. Matheny, *Carrying the War to the Ennemy. Americans Operational Art to 1945*, Norman, Oklahoma University Press, 2011.

performances tactiques et s'accommode d'officiers produits « à la chaîne ». Une telle doctrine conduit à accorder toute leur importance aux unités de l'arrière, qui doivent être les plus performantes possible : service des dépôts, unités du train, services de réparation et unités du génie pour rétablir les axes de circulation. Ces services gonflent : 60 % des GI débarqués en Normandie y sont rattachés, alors que la Wehrmacht cherche, au contraire, à maximiser le nombre de combattants et réduit les services à moins de 40 %[3]. Les moyens de transport deviennent une priorité. Entre 1942 et 1945, 2 709 *Liberty Ships* sortent des chantiers navals. Il s'agit d'un cargo en préfabriqué, lent mais simple à construire et à l'emport considérable : 10 800 tonnes de marchandises ou 260 Sherman. Pour disposer de 75 barges de débarquement supplémentaires, les Britanniques acceptent de retarder l'achèvement d'un porte-avions, de quatre destroyers et de 14 frégates[4]. Pour décharger tant d'hommes et de matériels, et anticipant que le port de Cherbourg ne serait pas immédiatement disponible, les Alliés conçoivent deux ports artificiels, gigantesques meccanos préfabriqués de 600 000 tonnes articulant des quais et des jetées métalliques capables de suivre le mouvement des

3. Martin Van Creveld, *Fighting Power*, Greenwood Press, 1982, p. 59.

4. Wieviorka, *Histoire du débarquement en Normandie*, *op. cit.*, p. 122.

marées, qui seront assemblés au large des plages. Ainsi, ils espèrent mettre à terre chaque jour 38 000 tonnes d'approvisionnement dont la moitié d'essence et de munitions, 9 000 véhicules, plus de 45 000 hommes[5].

Sans cette philosophie, « Overlord » aurait été un échec. Car rien ne s'est passé comme prévu. Le Jour J, la confusion sur les plages n'a pas permis de débarquer plus du tiers des approvisionnements. Il n'y a, il est vrai, rien de plus délicat que de décharger des centaines de navires en faisant fi d'une météo désolante, des marées, des obstacles, du manque de profondeur de la tête de pont qui gêne l'ouverture des dépôts. Par crainte de l'artillerie allemande, les commandants éloignent leurs navires, allongeant les navettes et conduisant à débarquer sans plus aucun sens des priorités[6]. Une tempête paralyse ensuite les opérations entre le 19 et le 22 juin, puis, à la libération de Cherbourg, les experts annoncent que l'ampleur des sabotages allemands est telle qu'il faudra des mois pour remettre le port en service. Le désordre s'installe aussi en Angleterre. Les différents bureaux sont incapables de trier les unités qui se présentent, à tel point que le 12 juin, un général doit se déplacer pour prouver qu'une unité dont l'administration soutient qu'elle est déjà en Normandie est toujours

---

5. *Ibid.*, p. 257.

6. Roland G. Ruppenthal, *Logistical Support of the Armies*, vol. 1, p. 374-474.

à son cantonnement. Le 20 juin, il manque un tiers des approvisionnements et 40 % des véhicules. Pour couronner le tout, les ports artificiels n'ont pas le succès qu'on leur prête aujourd'hui. Le premier a été partiellement ouvert le 14 juin à la verticale d'Arromanches et le second, le 16 devant Vierville-sur-Mer. Ce dernier est immédiatement détruit par la tempête. L'autre est réparé, mais, au 6 juillet, il pèse moins de 20 % des déchargements britanniques. Ses 5 000 tonnes quotidiennes sont même inférieures aux 6 000 mises à terre sur la seule plage d'Omaha. Il faudra attendre août pour qu'il donne sa pleine mesure (8 900 tonnes/jour). « Overlord » aurait survécu à son absence[7]. Il en est de même du premier oléoduc sous-marin, « Pluto », qui devait apporter le précieux or noir depuis l'île de Wight jusqu'à Cherbourg et qui n'entre en service que fin septembre, trop tard pour participer à la bataille[8].

Plus utiles ont été les sécurités imaginées par les Alliés, à savoir des navires remplis d'obus que l'on ne devait décharger qu'en cas de coup dur. Les Américains activent six barges dès le 7 juin puis cinq *Liberty Ships* en juillet. Il faut aussi souligner les initiatives des personnels, forts de

7. Wieviorka, *Histoire du débarquement en Normandie*, *op. cit.*, p. 261, et Nicolas Aubin, *Les Routes de la liberté. La logistique américaine en France et en Allemagne 1944-1945*, Paris, Histoire & Collections, 2014, p. 62.

8. Aubin, *Les Routes de la liberté*, *op. cit.*, p. 65.

leur expérience civile. Fin juin, les services de plage déchargent 30 % de plus qu'espéré[9], un exploit insuffisant cependant pour combler le retard accumulé et l'absence de Cherbourg. À Cherbourg justement, le génie réalise un miracle en ouvrant un premier quai en à peine plus d'un mois. Quinze jours plus tard, le port traite 10 000 tonnes chaque jour et devient la principale porte d'entrée sur le continent[10]. Mais à cette date, la bataille de Normandie touche à sa fin. Les Alliés auront percé sans disposer de port en eau profonde, ce qu'aucun état-major allemand ne pensait possible.

In fine, si ces différents déficits n'ont pas hypothéqué la bataille, c'est parce que les dotations prévues étaient généreuses. À la veille de « Cobra », alors que le rapport de force en combattants n'est que de 2,5/1 en faveur des Alliés, il atteint, malgré les retards, 4,7/1 pour les blindés, 3/1 pour l'artillerie, 4/1 en approvisionnements en obus, soit un différentiel de 12/1 en volume de feu. Dans les dépôts dorment seize jours d'essence et neuf de munitions. Même si la 1re armée US s'est rationnée et qu'à la mi-juin Bradley a été obligé de retarder une offensive vers le sud pour livrer en priorité le corps qui progressait vers Cherbourg, même si les Alliés pestent contre les

9. Ruppenthal, *Logistical Support of the Armies*, *op. cit.*, p. 416.

10. Aubin, *Les Routes de la liberté*, *op. cit.*, p. 56-60.

manques[11], les Allemands sont sidérés de l'ampleur de ce qui leur tombe sur la tête, inédit pour eux, surtout qu'il faut y ajouter les pilonnages de l'artillerie de marine et les raids aériens. Devant cette disproportion sur terre, dans le ciel et en mer, les témoignages allemands révèlent des sentiments d'impuissance, d'infériorité, d'inutilité ou d'abandon. Et, pour nombre de soldats et d'officiers, « le "Grand Reich allemand" s'était trouvé subitement ravalé au rang de nain colonial[12] », preuve s'il en est de la supériorité du modèle militaire allié, qui a su penser la guerre au-delà du champ de bataille.

Car en face, le Reich en a bien été incapable. Sa mobilisation a été tardive, confuse, freinée par un pouvoir à plusieurs têtes. Jamais les généraux allemands ne se sont préoccupés des capacités et des contraintes de l'industrie, ni des répercussions de la guerre moderne sur l'intendance. Même le fiasco de 1941, quand le Reich s'est fracassé sur le mur de l'élongation logistique en URSS, n'a pas constitué un électrochoc. La production de camions est négligée à tel point qu'au cours du premier trimestre 1944, trois camions sont rayés des inventaires par accident, usure ou destruction, pour un livré. À l'ouest, seules la dizaine de divisions blindées et une division parachutiste sont motorisées, et encore souvent au tiers ou aux

11. Bradley, *Histoire d'un soldat*, *op. cit.*, p. 292.
12. Leleu, *Combattre en dictature...*, *op. cit.*, p. 480.

deux tiers des dotations théoriques. L'essentiel de l'armée avance au rythme du cheval (4 600 par division). En 1941, l'état-major n'a prêté aucune attention à la proposition de doter ses futurs chars d'un moteur diesel pourtant plus fiable et 20 % moins gourmand que ses moteurs à essence alors que la pénurie de pétrole était une plaie qui hypothèquait toute croissance trop importante du parc automobile. Seul Hitler en tire tardivement – fin juillet 1944 – la conclusion qui s'impose. « Opérer en France dans ce qu'on appelle une bataille en rase campagne est, dans les conditions actuelles, absolument impossible. [...] Non pas parce que nous n'avons pas la supériorité aérienne, mais parce que les unités ne peuvent se déplacer par elles-mêmes. Ni par leur armement, ni par le reste de leur équipement, elles ne sont aptes à mener une guerre de mouvement[13]. » Vouloir contenir l'ennemi en Normandie a bien plus de sens stratégique que de se replier à l'intérieur des terres. Seule cette option autorise de rêver à une contre-offensive victorieuse. La logistique commande la stratégie. Mais cette déduction ne fait pas l'unanimité et, d'une manière générale, les états-majors méconnaissent les moyens de nourrir la bataille. Avant le Jour J, la localisation des dépôts n'est pas repensée, le rationnement en essence est quasi inexistant – en conséquence, le groupe d'armées B

13. Conférence du 31 juillet 1944 *in* Heiber et Glantz, *Hitler and his Generals..., op. cit.*, p. 445.

n'a pas sept jours de réserves –, le système ferroviaire sur lequel les généraux comptent n'est ni renforcé ni même convenablement entretenu, les services arrière ne croissent pas au rythme du renforcement de la *Westheer*, ils seront sous-dimensionnés pour alimenter le groupe d'armées B en Normandie[14].

C'est pourquoi, dès le 6 juin, plusieurs divisions sont dans l'incapacité de monter en ligne ou doivent le faire par contingents. Les unités mobiles qui peuvent se mettre en route y brûlent toute leur essence. La destruction d'un dépôt est un drame. La campagne de bombardement, les sabotages ainsi que l'usure du matériel roulant ne laissent en service en Normandie que deux lignes de chemin de fer (Paris-Surdon, près d'Argentan, et Tours-Surdon) et permettent d'acheminer à peine 1 000 tonnes dans les dépôts avancés alors qu'il en faudrait dix fois plus. En juillet, les trains dépassent rarement Dreux, au nord, et Le Mans, au sud. Le recours à des péniches sur la Seine permet de livrer 1 000 tonnes supplémentaires, tandis que les 2 000 camions des services de transport stratégique assurent des rotations depuis la région parisienne pour en livrer 2 000 de plus quotidiennement. Au total, 4 000 tonnes seulement

14. Russell A. Hart, « Feeding Mars : the Role of Logistics in the German Defeat in Normandy, 1944 », *War in History*, 1996, n° 3, p. 422.

rejoignent chaque jour les dépôts en Normandie[15], avec la certitude que le débit se réduira au fil de l'usure du parc. La 10e SS ne perçoit ainsi que 75 % de ses besoins en munitions, 25 % de son essence et de ses vivres, 15 % de ses pièces détachées. Si, pour l'alimentation, les combattants peuvent encore vivre sur une région prospère[16], un char immobilisé n'a d'autre issue que de le demeurer pendant des semaines. La moindre attaque exige une allocation spéciale d'essence et de munitions, délivrée au compte-gouttes. Quinze jours après le Débarquement, Guderian en est déjà réduit à suggérer de réduire à trois le nombre de divisions de panzers au front, seuil maximal à ses yeux pour pouvoir les alimenter correctement[17]. Il faudrait encore évoquer le casse-tête causé par la gestion d'un parc de véhicules et de canons hétéroclites issus du pillage des pays conquis.

La situation n'est pas meilleure pour le remplacement des pertes humaines. Début juillet, 6 % seulement d'entre elles ont été comblées. Pourtant, en apparence, le front au sud de Saint-Lô n'a jamais été aussi garni qu'à la veille de la percée américaine et ce, grâce à l'injection de nouvelles divisions. On recense dans le secteur 58 bataillons

15. Lopez (dir.) *Infographie…*, *op. cit.*, p. 132.
16. Leleu, *La 10. SS Panzer-Division*, *op. cit.*, p. 171.
17. Rapport du général Guderian, inspecteur général des blindés, 20 juin 1944, cité *in* Jentz, *Panzer-Truppen…*, *op. cit.*, p. 180.

d'infanterie le 25 juillet contre 27 un mois plus tôt, 143 blindés et 296 pièces d'artillerie contre respectivement 64 et 177[18]. Mais à bien y regarder, ces bataillons sont exsangues. Certains ne comptent plus qu'une centaine d'hommes au lieu de 700. Tous repeuplent les compagnies à l'aide des soldats issus des services. La 5e division parachutiste, une unité fraîche, n'a quasiment aucun véhicule, manque d'un quart de ses armes, y compris de simples fusils, et son encadrement est jugé si inexpérimenté qu'elle doit être éclatée pour être amalgamée à des divisions plus sûres[19]. En fait, ces 58 bataillons ne valent guère plus que les 27 de juin. Quant aux deux divisions blindées (la *Lehr* et la 2e Panzer SS), nouvelles dans le secteur, elles n'ont que 20 % et 57 % de leurs chars opérationnels. La *Lehr*, qui prendra de plein fouet « Cobra », est classée « apte uniquement à des tâches défensives » et le groupe d'armées B souhaiterait la mettre au repos[20]. Mais Hausser la juge indispensable en première ligne, à l'instar de la 2e SS. Il n'a dès lors pour réserve que deux faibles DI incapables de contrer une percée. L'usure a donc fait son œuvre, le front n'a aucune profondeur.

Et pourtant, la 7e armée allemande aurait quand même pu résister aux coups de boutoir américains

18. Hart, *Clash of Arms…*, *op. cit.*, p. 386.
19. Zetterling, *Normandy 44*, *op. cit.*, p. 221.
20. *Ibid.*, p. 325 et 387.

si sa situation logistique n'avait pas encore empiré quelques jours plus tôt. À la différence des unités déployées au sud de Caen, ses divisions ne disposent pour la plupart que de trains hippomobiles et elles doivent aller chercher leurs approvisionnements dans des dépôts à 140 kilomètres à l'arrière. Ces convois emportent moins, roulent moins vite et sont encore plus sensibles aux « Jabos », les chasseurs-bombardiers alliés, que les trains automobiles. Et quand les dépôts d'Alençon sont subitement privés de tout apport par voie ferroviaire à la suite de la coupure du dernier pont sur la Loire à Tours le 15 juillet, les soldats ne peuvent aller chercher plus loin leur pitance. Un seul convoi d'essence rejoint le front entre le 18 et le 25. La 7e armée ne dispose plus que d'un jour de carburant et de deux de munitions. Le 23, le pont est réparé, mais trop tard. « Cobra » précède également de peu l'arrivée de 30 000 remplaçants ainsi que les premières divisions prélevées sur la 15e armée[21].

Si la cohérence stratégique alliée garantissait la victoire face à un système nazi chaotique, la percée de « Cobra » doit beaucoup à une fenêtre d'opportunité fortuite. À peu de chose près, la bataille de Normandie aurait été encore plus longue et sanglante. C'est dire si à tous les échelons elle a été façonnée par la logistique.

21. Hart, *Clash of Arms…*, *op. cit.*, p. 389-390.

18

L'armée allemande était-elle encore supérieure ?

Toute une littérature d'après-guerre a idéalisé l'armée allemande. Le *Landser* y est dépeint non seulement en combattant supérieur, bénéficiant du meilleur équipement, mais aussi en romantique dont l'acte de violence, à rebours de la brutalité aveugle de ses ennemis, est une création intellectuelle, une construction de l'esprit plus qu'une destruction. Ces hagiographies illustrées par une iconographie piochée dans les archives de la propagande plongeaient le lecteur au cœur du formidable travail d'esthétisation de la violence mené par les reporters de Goebbels[1]. À ce contact, des milliers d'adolescents ont connu la même expérience que cet officier américain : « Lorsque j'étais enfant, je construisais des maquettes allemandes. Elles me semblaient plus "cool", plus

1. Ronald Smelser, Edward J. Davis II, *The Myth of the Eastern Front*, Cambridge, Cambridge University Press, 2008.

félines que les Sherman. Et dans mon imaginaire, l'armée allemande avait été bien plus coriace et agressive. Méticuleuse, professionnelle, se battant à un contre cent[2]. » Depuis, la supercherie a été démasquée et la dimension criminelle de l'armée allemande réaffirmée. Les historiens ont mis au jour ses lacunes béantes dans la planification stratégique, la logistique, le renseignement..., à tel point que les termes de l'interrogation ont changé : comment les Allemands ont-ils pu tenir sept semaines ?

Et ce, d'autant plus qu'en Normandie le commandement allemand n'a pas été au niveau de ses standards. Le général Dollmann, commandant de la 7e armée, qui n'avait jamais réellement combattu de toute la guerre, n'a été rien de plus qu'une courroie de transmission jusqu'à sa mort fin juin 1944, se laissant surprendre quand les Américains ont isolé la pointe du Cotentin par une manœuvre prévisible. Son successeur, Paul Hausser, n'a rien fait de bon non plus. Il facilita même la percée américaine en ordonnant le 27 juillet un repli qui jeta un corps d'armée allemand dans les griffes des avant-gardes américaines. Ce SS n'avait ni la clairvoyance ni les compétences d'état-major pour occuper un tel poste, à l'instar de son comparse Dietrich du 1er corps de panzers SS, bien en peine

2. William J. Astore, « American Blitzkrieg. Loving the German War Machine to Death », TomDispatch.com, 18 février 2010.

pour monter les contre-attaques des 7-9 juin. Au sommet, Rundstedt a été aux abonnés absents, se défaussant sur son prestigieux cadet, Erwin Rommel. Quant à ce dernier, il n'a pu offrir le miracle que l'on attendait de lui. Contrairement à ce qui s'était passé en Sicile et en Italie, le haut commandement allié a parfaitement su tirer profit de sa supériorité pour dicter son tempo. Seule la libération de la 15e armée aurait pu offrir au « Renard du désert » la masse suffisante pour peser sur la bataille. Il ne l'a cependant jamais demandée à Hitler, persuadé comme tous les autres généraux de l'imminence d'un second débarquement dans le pas de Calais. À leur décharge, les ordres hors sol de Berlin les ont en parallèle contraints à jouer les tartuffes. Ils ont feint d'obéir, annonçant des contre-attaques fictives ou des défenses jusqu'au dernier homme, alors qu'ils laissaient s'effectuer des replis. Ce « théâtre aux armées », pour reprendre l'heureuse formule de Jean-Luc Leleu, n'a bien sûr pas contribué à fluidifier la bataille[3].

Et pourtant, l'armée allemande a résisté d'arrache-pied pendant sept semaines, grâce d'abord à son exploitation d'un terrain favorable. Les deux tiers du champ de bataille étaient couverts de bocage. « En travers du Cotentin, se souvient le général Bradley, les haies vives formaient une ligne de défense naturelle plus formidable que tout ce que Rommel aurait pu inventer. Pendant des siècles, les

3. Leleu, *Combattre en dictature…*, *op. cit.*, p. 519-560.

terres de ce pays avaient été divisées et subdivisées en petits pâturages dont les murs de terre étaient devenus des remparts. Souvent de la hauteur et de l'épaisseur d'un tank, ces haies se couronnaient de buissons épineux, d'arbustes et de ronces. Leurs racines maintenaient la terre tassée et dure comme l'acier renforce le béton armé. Nombre d'entre elles se doublaient de profonds fossés de drainage et l'ennemi utilisait ceux-ci comme un réseau de tranchées de communication. Pour avancer de pâturage en pâturage, il était nécessaire de percer un passage au travers de ces remparts devant le feu sauvage et bien abrités de l'ennemi[4]. »

Sur ce terrain clos et étriqué, sur 100 à 300 mètres, l'armée allemande disposait d'une surprenante supériorité en feu. Trop confiante dans le volume délivré par le fusil M1, le seul au monde à être automatique, l'armée américaine n'avait doté le groupe de combat (13 hommes) que d'un fusil-mitrailleur BAR, une arme lourde (9 kg) pour une puissance insuffisante, tandis que le groupe allemand avait une MG-42 pour neuf combattants, à peine plus lourde (12 kg), bien plus fiable, précise et à la cadence de tir trois fois supérieure avec son alimentation par bande. Surtout, tous les fusiliers allemands emportaient avec eux des bandes supplémentaires, ce qui n'était pas le cas côté américain. En fait, le groupe de combat allemand en posture défensive avait muté en

4. Bradley, *Histoire d'un soldat, op. cit.*, p. 285.

un groupe de mitrailleuse. Les fusiliers creusaient plusieurs emplacements pour permettre à la MG de changer de position au cours du combat, puis se disposaient autour pour la couvrir. À l'échelon de la compagnie, le fossé était encore plus grand, l'américaine (193 hommes) n'avait que deux mitrailleuses Browning M-1919 lourdes (19 kg) et lentes alors que l'allemande (142 hommes) comptait 15 MG-42, auxquelles on pouvait ajouter 28 pistolets-mitrailleurs redoutables à courte portée et une douzaine de lance-roquettes antichars. Une compagnie allemande, même réduite à une cinquantaine d'hommes, parvenait ainsi à tenir un secteur d'environ un kilomètre aussi longtemps que l'unité disposait de ses mitrailleuses. Elles étaient d'autant plus redoutables que leurs munitions ne produisaient ni fumée ni lueur, ce qui n'était pas le cas des américaines.

Sur la ligne de contact, il n'y avait qu'une poignée de snipers et des vigies. Les combats se déroulaient en retrait dans un espace aménagé de 4 à 6 kilomètres de profondeur : champs et chemins creux abondamment minés, bardés d'obstacles et de pièges pour canaliser l'avance vers les MG camouflées au cœur des haies. Chaque pâture, chaque ferme, chaque bosquet était défendu par un ou deux groupes de combat interconnectés par un réseau de boyaux invisibles des Américains. Les endroits les plus fragiles étaient renforcés par des fortifications de campagne. Ce terrain convenait à merveille aux divisions d'infanterie hippomobiles[5]. Dans ce labyrinthe, l'esprit d'initiative enseigné lors des classes et l'expérience des deux guerres mondiales apportaient aux cadres allemands un avantage supplémentaire. Les recrues s'intégraient vite grâce à un entraînement actualisé par les remontées d'expérience.

Pour progresser, les Américains comptaient sur leur foisonnante artillerie. Mais elle n'eut pas l'efficacité espérée. Les haies protégeaient de l'effet de souffle et seul un coup direct arrivait à réduire au silence une MG. Il fallait dès lors plusieurs salves de réglage au risque de frapper les GI qui étaient tout proche et à découvert. Les chefs de compagnie hésitaient dès lors à faire donner l'artillerie. L'aviation, encore plus imprécise, n'était d'aucune aide (*cf.* chap. 21). Quant aux blindés – chars et *Tank Destroyers* disponibles à raison d'une centaine par division d'infanterie –, ils étaient eux aussi de peu d'utilité. Le plus souvent, on les retrouvait coincés en colonne le long des chemins creux à cause des mines et des haies, et quand ils se risquaient à les escalader, ils se dressaient, offrant

5. Une DI allemande compte, au mieux, 600 véhicules contre 2 000 pour une DI américaine, une quarantaine de canons longs contre 66, quasiment jamais de blindés rattachés contre une centaine, mais plus de 700 MG contre 393, 86 mortiers d'au moins 81 mm contre 54, une trentaine de pièces antichars et une centaine de *Panzerschrek* ainsi que 24 canons courts. Joseph Balkoski, *La 29e division américaine en Normandie*, « Histoire et Collections », 2013, p. 374-375.

leur châssis peu protégé. Par conséquent, il fallait avancer avec lenteur, ouvrir à la dynamite une brèche dans la haie avant d'y risquer un char. À l'inverse, les Allemands avaient eu le loisir de prérégler leurs feux, en particulier ceux de leurs mortiers et de leurs canons courts. « Les obus de mortier vous encadraient quand vous étiez en train d'enjamber les fils de fer ou d'éviter les mines. Plus loin, une tranchée avec une mitrailleuse dont vous n'aviez même pas soupçonné l'existence, se mettait à faucher des copains autour de vous. On n'oubliera pas ça. Ça, oui[6] ! » Paralysés par les MG, éliminés un à un par les snipers, massacrés par les torpilles de mortiers, les assaillants n'avaient que peu de chances de traverser le champ[7].

En excluant les marais à l'est de l'Orne et dans le Cotentin, seuls une trentaine de kilomètres de front de part et d'autre de Caen présentaient un paysage davantage ouvert et propice à l'assaillant. Mais c'était sans compter sur la densité du tissu urbain. Outre l'agglomération caennaise, le terrain était mité de villages, hameaux et fermes, autant de point d'ancrage pour le défenseur. Tous étaient transformés en hérissons garnis de fantassins, de canons antichars, de mortiers et parfois d'un ou

6. Aubert Lemeland, *La Bataille de la Haye-du-Puits*, Skarbo, 1994.

7. Sur la supériorité initiale allemande dans le bocage, lire Joseph Balkoski, *La 29e division américaine en Normandie*, *op. cit.*, p. 117-161, et Yannis Kadari, « L'enfer du bocage », *Batailles et Blindés*, n° 36, 2010, p. 48-66.

deux blindés qui se laissaient envelopper pour mieux engager l'ennemi une fois ce dernier coincé dans des champs de tirs minés. En retrait, de petits groupements mobiles se tenaient prêts à contre-attaquer[8]. Cette tactique exigeait cependant plus d'hommes, de mobilité, ainsi que des armes à tir tendu à plus longue portée que ce dont disposaient les divisions d'infanterie. Elle réclamait aussi des soldats aux nerfs d'acier, capables de supporter un pilonnage massif. Des unités comme la 16e division de la Luftwaffe ou la 85e DI ont été littéralement balayées en ouverture d'offensives. Seules les divisions de panzers pouvaient faire barrage durablement aux assauts britanniques. Elles disposaient pour cela de solides atouts : une dotation en MG au triple des DI, davantage de canons d'infanterie, qui plus est motorisés, et surtout des pièces antichars de 75 et 88 mm perforantes et à l'optique excellente, permettant de faire bon usage des maigres dotations en munitions. Leurs chars sous casemate, discrets comme le StuG ou le Panzerjäger IV, et les chars à tourelle Panther et Tiger trouvaient là leur meilleur terrain d'expression. Une poignée pouvait mettre en échec tout un bataillon de 50 Sherman ou Cromwell et s'en sortir par leur capacité à encaisser. Après cinq semaines de combats acharnés, la *Panzerwaffe*

---

8. Rapport du général Guderian, inspecteur général des blindés, 28 juin 1944, cité *in* Jentz, *Panzer-Truppen…*, *op. cit.*, p. 182.

n'avait rayé de ses listes que 349 chars (20 % de ses effectifs) contre un millier côté allié (30 % en très grande partie immédiatement remplacés)[9]. La dimension statique de la bataille masquait leurs défauts : une consommation démentielle d'essence (280 litres/100 km pour un Panther) et une mécanique capricieuse (la moitié des chars exigeaient des réparations et allaient être abandonnés une fois la bataille devenue mobile)[10]. Revers de la médaille, la défense de la plaine de Caen a dès lors aspiré et émietté ces unités, patiemment rééquipées pour rejeter les Alliés à la mer.

Cette défense a également tenu grâce à l'expertise des chefs de régiment et des divisionnaires qui savaient pour la grande majorité replâtrer un front avec des miettes d'unités et jouer de leurs groupements tactiques. Ces unités interarmes *ad hoc*, dont les composantes étaient issues ou non de la même division, étaient les briques élémentaires de la Wehrmacht, offrant une polyvalence, une souplesse et une réactivité sans équivalent. Non seulement elles comblaient les brèches, mais elles permettaient aussi à une division étrillée de conserver un noyau opérationnel. Ce savoir-faire a également fait des miracles quand il a fallu

---

9. *Ibid.*, p. 185 ; Zetterling, *Normandy 1944*, *op. cit.*, p. 415, et Napier, *The Armoured Campaign…*, *op. cit.*, p. 408.

10. Thomas L. Jentz, *Germany's Panther Tank : The Quest for Combat Supremacy*, Schiffer Military/Aviation History, 1995.

s'extirper du chaudron de Falaise. Le fossé était ici béant avec un commandement allié qui n'avait pas encore trié le bon grain de l'ivraie au tamis de l'épreuve du feu.

Cette supériorité n'a cependant été que temporaire. Les Américains ont fait preuve d'une remarquable capacité d'adaptation. Toutes les semaines, des officiers collectaient des innovations émanant du terrain et les relayaient *via* des brochures. L'infanterie a musclé son armement collectif. Les blindés ont retrouvé leur mobilité une fois appareillés avec un coupe-haie et ont pu collaborer efficacement avec l'infanterie grâce à un interphone qui permettait au fantassin de communiquer avec le chef de char. Les appuis ont gagné en précision avec l'amélioration des échanges radio. Une toile s'est tissée entre les Piper Cub d'observation toujours plus nombreux, l'aviation d'appui, l'artillerie et les fantassins. Ainsi, des tactiques d'assaut nouvelles ont été mises au point[11]. Au moment de « Cobra », l'US Army était devenue une experte du combat en milieu bocager. Elle a également été supérieure à la Wehrmacht dès que la bataille est devenue plus mobile. Les Allemands n'avaient plus les véhicules, les radios, le carburant nécessaires pour contrer un adversaire entièrement motorisé et disposant d'une supériorité absolue

11. Michael D. Doubler, *Closing with the Enemy : How GI's fought the War in Europe*, Lawrence, Kansas University Press, 1994, p. 31-62.

dans les airs. Que l'on songe à la 9e division de panzers, surprise en plein mouvement d'approche au nord du Mans, éparpillée avec la moitié de ses chars en panne ou à court d'essence après une longue route depuis Versailles. Sans renseignements sur le dispositif ennemi, ni même sur les unités amies du secteur, harcelés par l'aviation, ses groupements, qui n'avaient la force que d'une ou deux compagnies, ont été emportés par la marée américaine en quelques heures[12]. L'épisode n'est pas sans rappeler les mésaventures des divisions cuirassées françaises en mai 1940.

Si l'armée allemande reste en 1944 un outil de résistance redoutable et résilient, elle n'est plus en capacité ni de se mouvoir ni d'attaquer, et, à force de s'éroder, elle perd en compétence. Elle n'est donc plus la meilleure.

---

12. Didier Lodieu, *D'Argentan à la Seine. Le bataillon de Panther de la 9. Pz. Div. face au XVe corps américain*, YSEC, 2003.

19

La Luftwaffe a-t-elle été absente du ciel ?

« Sur le terrain d'aviation près de Lille le lieutenant-colonel aviateur Josef Priller et le sergent Heinz Wodarczyk, coururent vers leurs deux chasseurs solitaires FW-190. Le PC du IIe corps d'aviation de chasse avait téléphoné pour annoncer :

— Priller, le débarquement est commencé. Vous feriez bien d'y aller en vitesse.

— Ça, c'est le bouquet ! avait explosé Priller. Bougres d'ânes ! Qu'est-ce que vous voulez que je foute avec deux taxis ? Où est mon escadrille ? [...] Aussi calmement que le lui permettait sa fureur, Priller demanda : "Est-ce que ça vous ennuierait beaucoup de me dire où a lieu ledit débarquement ?" Toujours aussi imperturbable, l'officier répondit :

— En Normandie, mon cher. Quelque part du côté de Caen.

[...] À ce moment, Wodarczyk et lui étaient prêts – prêts à partir pour l'unique contre-attaque de la Luftwaffe du Jour J contre l'Invasion[1]. »

Vous avez certainement en mémoire ce dialogue surréaliste, présent aussi bien dans le texte du *Jour le plus long* qu'à l'écran, qui résume la décrépitude de la Luftwaffe.

On oublie souvent que dans le ciel, le Jour J ne date pas du 6 juin, mais du 20 février 1944 avec « Argument », l'opération qui accélère « Pointblank » – « à bout portant ». Non content de pilonner les usines aéronautiques pour freiner leur production, ce plan allié a pour nouvel objectif de nettoyer le ciel de la Luftwaffe en forçant la chasse allemande à décoller pour l'exposer à une arme qui avait hier les pattes trop courtes, mais qui, avec l'installation de bidons largables, disposait d'une allonge de 3 000 kilomètres – de quoi atteindre Berlin et revenir –, cette arme, ce sont les chasseurs d'escorte. « Escorte », l'appellation est trompeuse, car les pilotes reçoivent pour instruction de traquer l'adversaire partout, dans les airs comme au sol. À trois mois du Jour J, il est plus que temps d'agir, car pour les Américains, la Luftwaffe est la véritable muraille de la forteresse Europe. Lors des assauts amphibies sur Dieppe, puis en Italie, elle leur a porté des coups très rudes, abattant trois

1. Ryan, *Le Jour le plus long, op. cit.*, p. 233.

avions alliés pour un perdu et coulant un nombre conséquent de navires[2].

Dès le premier jour, un raid de 1 000 quadrimoteurs et 835 chasseurs d'escorte permet de rayer 49 appareils des listes du *I. Jagdkorps* (corps de chasse), un tiers des intercepteurs engagés. Les 24 et 25, un tiers des 336 intercepteurs – tout ce que la *Jagdwaffe* peut aligner – sont abattus. En moyenne, 15 % des chasseurs et 11 % des pilotes qui décollent ne rentrent pas. Entre janvier et mai, 2 262 pilotes sont tués, soit 100 % des effectifs initiaux, et 3 000 appareils perdus. Si elle parvient à compenser les pertes matérielles, la chasse allemande est contrainte de réduire de moitié la durée de formation de ses pilotes pour combler les pertes humaines. Comme si cela ne suffisait pas, « Pointblank » persuade Hitler d'ordonner des représailles sur l'Angleterre. Il y sacrifie en vain 489 équipages de bimoteurs, quand seulement 396 nouveaux sortent d'école[3].

Le 6 juin, la *Luftflotte III* du maréchal Hugo Sperrle, chargée de repousser l'invasion, dispose encore sur le papier de trois corps aériens, mais tous sont en sous-effectifs. Le 10e comptabilise 136 avions-torpilleurs bimoteurs Ju 88 et 144 bombardiers. Le 9e est armé de 144 Ju 88 et

---

2. James Corum, « To Stop Them on the Beaches : Luftwaffe Operations against the Allied Landings in Italy », *RAF Air Power Review*, 7(2), 2004, p. 47-68.

3. Stephen McFarland et Wesley Newton, *To Command the Sky : The Battle for Air Superiority over Germany 1942-1944*, Washington, Smithsonian Institution Press, 1991.

Ju 188. Et le 2. *Jagdkorps* rassemble 160 chasseurs Me 109 et FW 190, 67 chasseurs-bombardiers Ju 88 et FW 190 et 42 Me 109 de reconnaissance – 693 avions avec un taux de disponibilité inférieur à 60 %, soit moins de 500 appareils à opposer aux 10 000 de l'armada alliée[4]. En fait, le nombre réel est encore plus faible, car beaucoup, pour échapper aux frappes incessantes sur les aérodromes avancés, se sont mis à l'abri sur des terrains plus discrets, éloignés, mal équipés. C'est d'ailleurs la raison pour laquelle Priller, dans le film et le livre, n'a plus que son ailier à ses côtés, le reste de l'escadrille étant éparpillé. Conscient que cela ne pourra suffire, Hitler ordonne de déshabiller la défense du Reich de 31 groupes de chasse – 800 chasseurs – pour renforcer le front de l'invasion dès que celle-ci aura commencé.

Tactiquement, la Luftwaffe espère freiner les opérations de débarquement en multipliant les frappes antinavires et ainsi faciliter la grande contre-offensive blindée. C'est pour cette raison qu'est présent le 10e *Fliegerkorps*, qui a déjà semé le malheur en 1942 au sein des convois qui ravitaillaient l'île de Malte assiégée. Hitler compte beaucoup sur des armes nouvelles, en particulier les bombes planantes Fritz X et Hs 293 radioguidées, ainsi que sur les Mistel (un bombardier transformé en engin explosif avec une charge de

4. James S. Corum, « The Luftwaffe in Normandy », *in* Buckley (dir.), *The Normandy Campaign…*, *op. cit.*, p. 132.

1 800 kg dans son nez, accouplé à un chasseur piloté qui l'emmène sur zone, le largue et le guide par radio sur l'objectif). Sans prendre conscience qu'avec seulement une quarantaine d'équipages formés, leur impact restera forcément négligeable.

Contrairement à la légende, le 6 juin, il y a donc davantage que deux avions à croix gammée dans le ciel du Jour J. Il y en a exactement 319, soit... 2,5 % des sorties alliées[5]. Entre cela et rien... La majorité des appareils doivent d'abord être rapprochés du front. Les rares raids ne dépassent pas une vingtaine d'avions et ne sont pas coordonnés. L'escadrille I./ZG I, partie de Vannes, perd sept de ses 13 Ju 88 en début d'après-midi, sans jamais avoir vu son escorte. « Les survivants ont dû batailler face à des formations de chasseurs ennemis allant jusqu'à quatre-vingts ou cent[6]. » L'activité s'intensifie dans la nuit avec l'engagement de 130 bombardiers, dont une vingtaine armés de bombes planantes. Cent trente bombardiers, c'est à peu près tout ce qui est opérationnel. Une vingtaine ne rentrent pas[7]. La Luftwaffe revient les autres soirs. En deux semaines, cinq navires alliés sombrent et neuf sont endommagés. Le plus gros des bâtiments de guerre coulés n'est qu'un destroyer. C'est indolore pour l'armada

---

5. Matthew Cooper, *The German Air Force 1933-1945*, Janes, 1982, p. 335.

6. F. W. Held, témoignage *in* Philippe Cornil et Jean-Louis Roba, « Le débarquement : combats aériens (1re partie) », *Batailles aériennes*, n° 28, 2004, p. 27.

7. *Ibid.*, p. 42.

et décevant pour la Luftwaffe, mais prévisible. Les pilotes, inexpérimentés, ne disposent plus du bagage technique suffisant pour des missions de nuit sans assistance radar au sol (ces derniers ayant tous été détruits) et sans reconnaissance préalable. Certains se perdent, d'autres sont victimes de la chasse de nuit. Et une fois sur zone, les bombardiers sont la cible de la DCA. Pour un avion torpilleur, survivre tient du miracle, et la plupart larguent leurs torpilles au petit bonheur la chance. Les armes guidées seraient la solution, mais les Alliés, après les avoir affrontées en Italie, en ont saisi une intacte qui leur a permis de mettre au point des parades. Une centaine d'appareils de guerre électronique brouillent leurs ondes. Ainsi, seuls deux navires sont coulés par des bombes planantes et sept endommagés, tandis que les lourds Mistel font quasiment chou blanc, un seul endommageant la frégate *Nith*, malgré une opération complexe impliquant cinq « avions gigognes », des éclaireurs et une vingtaine de chasseurs[8].

Comme prévu, 450 chasseurs et 110 chasseurs de nuit arrivent d'Allemagne avant le 10 juin. À la fin du mois, on en comptera 800, complétés par 45 avions torpilleurs et 90 bombardiers[9]. Mais,

---

8. Cornil & Roba, « Le débarquement : combats aériens (2e partie) », *Batailles aériennes*, n° 29, 2004, p. 79.

9. Hans von Rohden, « *Die Deutsche Luftwaffe im Angesicht der Invasion 1944* », manuscrit déposé à l'Air University Libray, Maxwell Air Force base, 1947.

renseignée par « Ultra », qui décode les messages de la Luftwaffe, la chasse alliée les attend au-dessus des aérodromes en France. Cent dix-sept sites sont surveillés, et 71 des 116 chasseurs allemands abattus entre le 6 et le 9 juin le sont au-dessus de leur terrain[10]. Par la suite, tous les aérodromes seront traités par des quadrimoteurs. Au 1er juillet, le commandement de la Luftwaffe estimera à 350 le nombre d'appareils détruits au sol, soit plus du quart des moyens engagés à l'Ouest[11]. Il faut s'éloigner. Des escadrilles opèrent depuis Beauvais, Nancy, parfois même Toulouse. On n'insistera jamais assez sur l'influence du service de Bletchley Park capable de décrypter un radio-message en deux heures, ce qui a autorisé cette traque. Pour couronner le tout, « les terrains d'aviation qui avaient été prévus depuis longtemps... sont totalement inadéquats. Dans presque tous les cas, aucun bâtiment du QG n'avait été construit et les points de dispersion n'avaient pas été organisés ; il y avait un manque total d'écrans anti-éclats, de tranchées, d'abris, d'installations de téléimpression et de radiotéléphonie, et de dépôts de munitions et de carburant[12] ». Tout cela ralentit le rythme des

10. Jean-Bernard Frappé, *La Luftwaffe face au débarquement allié*, Saint-Martin-des-Entrées, Heimdal, 1999, p. 313.

11. Boog, Krebs, Vogel, *Germany and The Second World War*, vol. VII, *op. cit.*, p. 331.

12. « Some Aspects of the German Fighter Effort During the Initial Stages of the Invasion of N. W. Europe », 18.11.44, Oberst Mettig, Air Historical Branch, Translation No. VI/19,

sorties, avec 500 missions quotidiennes impliquant en moyenne 142 appareils seulement[13]. Le plus bel exemple concerne les neuf chasseurs à réaction Me 262 du KG51 qui passent la campagne à changer de tanières. Aucun ne combattra. Le pari du Führer échoue. En affaiblissant le ciel du Reich, il a donné à la 8th Air Force le sésame pour ravager les installations de carburant synthétique ; et presque aussi vite que les Allemands dépêchent des avions en Normandie, les chasseurs américains et britanniques les abattent.

Car la saignée est insupportable. La *Luftflotte III* perd 300 avions par semaine en moyenne en juin[14]. Les cinq groupes de chasse présents le 5 juin subissent une érosion de 95 %. Celle-ci atteint même les 200 % au sein de l'un d'eux[15]. Plusieurs *Experten* – plus de 100 victoires obtenues en URSS – sont abattus, surpris par les tactiques alliées. Mais la raison principale de telles pertes est à chercher dans l'inexpérience de leurs jeunes camarades. En moins d'une semaine, fin août, la novice II./JG 6, une escadrille équipée de l'excellent Focke-Wulf 190, perd 49 appareils (120 % de son effectif initial), dont seulement 24 du fait

---

cité *in* Williamson Murray, *Strategy for Defeat, The Luftwaffe, 1933-1945*, Maxwell, Air University Press, 1983.

13. Boog, Krebs, Vogel, *Germany in the WWII*, *op. cit.*, p. 332.

14. Murray, *Strategy for Defeat…*, *op. cit.*, p. 281.

15. E. R. Hooton, *The Luftwaffe. A Study in Air Power 1933-1945*, Hersham, Ian Allen, 2010 p. 233.

de l'ennemi, les autres étant victimes de la maladresse du pilote[16]. Durant les trois mois de bataille, 2 127 appareils seront finalement détruits, rendant la Luftwaffe toujours plus impuissante[17].

Dès le 12 juin, la *Luftflotte III* change de tactique. Elle renonce en grande partie aux attaques antinavires au profit d'opérations de minage, moins dangereuses mais sans impact notable, puisque seuls une vingtaine de navires seront coulés de cette manière. Elle renonce aussi aux attaques au sol tant les pilotes de FW 190, formés à la chasse, sont défaillants et surtout, à la moindre interception, ils sont obligés de larguer leurs bombes pour gagner en maniabilité, ce qui condamne la mission. À la place, on se contente de bombarder la nuit les dépôts et les rassemblements de troupes dans la tête de pont (2 000 sorties, 1 860 tonnes de bombes larguées en juillet)[18]. Pour l'essentiel, la Luftwaffe est acculée à des missions défensives : 72 % des sorties servent – un peu – à protéger les axes routiers et à défendre – surtout – les terrains d'aviation. Moins d'une quarantaine d'appareils allemands s'aventurent chaque jour au-dessus de la tête de pont. Sollicitée pour appuyer la contre-offensive de Mortain, la Luftwaffe promet un suprême effort

16. Frappé, *La Luftwaffe face…*, *op. cit.*, p. 291-294.

17. Michael Tamelander et Niklas Zetterling, *Avgörandets Ögonblick : Invasionen i Normandie*, Stockholm, Norstedts, 2003.

18. BAMA, ZA 3/155 et RL 2 III/880-882, cité *in* Hooton, *The Luftwaffe…*, *op. cit.*, p. 233.

de… 300 chasseurs-bombardiers. Une quarantaine ne rejoindra le front que trois heures après l'aviation alliée, sans pouvoir lui contester la maîtrise du ciel. Tout juste quelques appareils mitrailleront-ils des colonnes américaines, mais sans, là encore, peser sur la bataille[19]. Le 14 août, la *Luftflotte III* ne compte plus que 75 chasseurs opérationnels. Il faut à nouveau puiser dans le vivier des écoles de pilotage, qui finit par se tarir. Ces unités trop tendres fondent sous le soleil éclatant de l'été, la retraite accélérant encore cette désintégration[20].

Avec le recul, l'opération « Argument » a été une des clés pour ouvrir la « forteresse Europe ». Elle a sanctuarisé le théâtre normand et permis les déchargements et les stockages en plein champ sans lesquels les Alliés n'auraient pu l'emporter. Sans elle, il aurait été impossible d'ancrer à quelques encablures les canons de la flotte. Si Cornelius Ryan s'est trompé en affirmant que la Luftwaffe n'avait que deux avions au-dessus des plages le 6 juin, sa sentence est correcte : jamais elle n'a existé. Pour 99 % des soldats alliés, Eisenhower avait raison d'affirmer le 5 juin : « Si vous voyez des avions, ce seront les nôtres. »

19. Reardon, *Victory at Mortain, op. cit.*, p. 138.
20. Murray, *Strategy for Defeat, op. cit.*, p. 288.

20

L'aviation alliée a-t-elle paralysé la Wehrmacht ?

« À peine les colonnes de la division étaient-elles en marche, écrit un colonel de la *Panzer Lehr* en se souvenant de cette fin d'après-midi du 6 juin 1944, qu'elles furent bientôt découvertes par les avions de reconnaissance ennemis et attaquées peu après par les chasseurs-bombardiers avec leurs armes de bord, leurs fusées et leurs bombes. Se déployant dans le ciel clair, les appareils repérèrent les colonnes, attaquèrent, firent demi-tour et revinrent de nouveau ou bien firent appel à d'autres "Jabos" pour les relever. Bientôt des champignons de fumée noire qui s'élevaient des véhicules en feu jalonnèrent la route que nous suivions pour de nouvelles vagues d'avions. Aujourd'hui encore, rien que le souvenir de cette marche donne des cauchemars[1]. » Les

1. Helmut Ritgen, *Die Geschichte der Panzer-Lehr Division im Westen, 1944-1945*, Stuttgart, Motorbuch Verlag, 1979, p. 105.

avions laissent derrière eux les carcasses fumantes de cinq chars Panzer IV, 84 chenillés et 60 à 123 camions. Moins de trois mois plus tard, ce sont encore eux qui auraient transformé en un couloir de la mort le corridor par lequel la 7e armée allemande tentait d'échapper à l'encerclement de Falaise. Omniprésente, omnisciente – allant jusqu'à blesser Rommel dans sa voiture –, l'aviation aurait été le *deus ex machina* qui aurait décidé de la victoire. Cette histoire justifie depuis toute la doctrine occidentale de domination sans partage du ciel. De là à idéaliser sa participation ?

En 1944, les Alliés disposent d'une puissance inédite de quatre forces aériennes totalisant plus de 10 000 appareils : deux forces stratégiques (*Bomber Command* et 8th Air Force) équipées de quadrimoteurs et de chasseurs d'escorte, deux forces tactiques (2nd Tactical Air Force britannique et 9th Air Force américaine) armées de chasseurs-bombardiers (Typhoon, P-47 Thunderbolt, P-51 Mustang…) et de bombardiers bimoteurs moyens (B-26 principalement). Parmi ses nombreuses missions[2], le maréchal de l'air britannique Charles Portal, figure tutélaire de la RAF, estime que « la plus grande contribution des forces aériennes à "Overlord" qu'il puisse imaginer, est d'empêcher

2. Poursuite de la mise à mort de la Luftwaffe, frappes sur les principales batteries d'artillerie du mur de l'Atlantique, les sites des armes de représailles V, participation à l'opération d'intoxication « Fortitude ».

l'ennemi de se mouvoir[3] ». Les Alliés sont en effet persuadés que la victoire au sol se jouera dans la capacité des deux camps à monter en charge. Or les experts jugent la Wehrmacht capable de se rassembler en Normandie plus vite que les Alliés n'y débarqueront des renforts. Il est dès lors vital de freiner les Allemands par TOUS les moyens possibles. Un groupe d'experts rassemblés autour du scientifique Solly Zuckerman élabore un plan de frappes aériennes en plusieurs couches afin d'isoler la Normandie du reste du territoire. Il invente alors ce que l'on appelle aujourd'hui l'encagement du champ de bataille.

La première couche, peinte par les bombardiers lourds, doit paralyser le système ferroviaire en détruisant les installations de maintenance des locomotives. L'ennemi n'aurait plus d'autre alternative que d'emprunter la route, un mode de transport très lent pour les piétons et consommatrice en précieux carburant pour les unités motorisées. Pour rendre les déplacements encore plus difficiles, il est aussi acté de détruire le maximum de ponts et viaducs. Hélas, en 1944, les bombardiers lourds ne disposent pas de système de localisation et de visée précis. Ils se présentent à haute altitude par centaines en formation serrée et ouvrent leurs soutes au signal de l'avion de tête, lui-même guidé à l'aide de marquages au sol largués par des éclaireurs. Un

3. Bourque, *Au-delà des plages…*, *op. cit.*, p. 204.

retard d'une seconde suffit à manquer la cible. La marge d'erreur moyenne est de 620 mètres, une immensité quand on vise un pont ou un entrepôt. Une sortie sur deux est un échec. Il faut dès lors multiplier les passages. Or 300 000 civils sont exposés aux dégâts collatéraux. Le commandement allié en est conscient. Un rapport envisage jusqu'à 160 000 morts et blessés[4]. Churchill s'en émeut. On en débat. Les « barons du bombardement », Harris et Spaatz, en tirent prétexte pour offrir une autre stratégie : concentrer les bombardements sur le complexe de production d'essence en Allemagne. Cela paralyserait tout aussi bien la Wehrmacht. En fait, les « barons » cherchent à retrouver leur indépendance pour poursuivre leur rêve de vaincre seuls l'Allemagne. Eisenhower n'y croit pas. Il suffit que le Reich dispose de stocks de carburant pour que l'impact des raids soit sans conséquence au moment du Jour J. Soutenu par Roosevelt, il menace de démissionner si le « Transportation Plan » est abandonné. Tout juste cède-t-il sur la région parisienne. Ses 40 ponts et ses centres de maintenance comme les Batignolles sont partiellement sanctuarisés. Le reste doit être détruit, c'est le prix que devront payer les civils pour leur libération.

4. Committee, « Attacks on Rail Targets in Ennemy Occupied Territories, 19 mars 1944 » ; Air Ministry Air Historical Branch, « The Landings in Normandy », p. 160.

En deux mois, 71 000 tonnes de bombes pleuvent[5]. Rouen saigne toute une semaine avant le Jour J, Mantes, Vernon, Orléans, Tours, Saumur, Angers, Nantes brûlent, mais les régions du Nord sont également durement frappées pour divertir le regard allemand de la Normandie. En tout, plus de 300 cibles en France et en Belgique. Avec quelle efficacité ? La circulation est réduite à seulement cinq convois quotidiens dans la moitié nord de la France et huit dans la moitié sud. Or embarquer une DI en exige une cinquantaine et une division de panzers, 70. Les troupes cantonnées en Bretagne et dans le Nord sont condamnées à monter en ligne à pied à un rythme processionnaire, elles arrivent au front déjà épuisées et démoralisées, celles du sud de la France embarquent au compte-gouttes à raison d'une unité par semaine, l'intendance est parfois contrainte d'aller en camion jusqu'en Allemagne pour trouver des pièces, car les dépôts ne sont plus alimentés. Si les éléments motorisés de la 2e Panzer parcourent 400 kilomètres par la route depuis Amiens en à peine cinquante heures et se rassemblent près du front le 12 juin, ses éléments chenillés transférés par rail jusqu'à Paris n'arrivent qu'entre le 16 et le 20[6]. Même constat

5. Jean-Charles Foucrier, *La Stratégie de la destruction*, Paris, Vendémiaire, 2017, p. 281.

6. Frédéric Deprun, *La 2e Panzerdivision…*, *op. cit.*, p. 232.

pour la 2e division de panzers SS[7]. Le 2e corps de Panzers SS qui arrive d'URSS est contraint de débarquer dans l'est de la France, avec de 300 à 650 kilomètres encore à parcourir par la route, tout comme la 1re SS partie de Belgique[8]. Le succès des bombardements est spectaculaire. Pourtant, le chercheur Jean-Charles Foucrier met en garde : « À la fin de l'hiver 1944, le réseau ferroviaire français se trouve déjà gravement impacté par quatre années de réquisitions et de manques en tous genres. Le "Transportation Plan" aggrave une situation déjà critique. [...] Les bombardements n'étaient probablement pas nécessaires[9]. » L'Américain Stephen A. Bourque enfonce le clou. Le réseau rendu inutilisable manqua aux Alliés dans leur course en direction de l'Allemagne en septembre. À la vue de la réussite de la campagne sur le complexe pétrolier commencé en août et qui fait chuter la production de 80 %, on peut se poser la question si les bombardiers lourds n'auraient pas été mieux employés à cette tâche dès avril pour asphyxier la Wehrmacht, laissant le « Transportation Plan » à la charge des saboteurs et des bombardiers moyens. Mais il s'agit là de conjectures qui quatre-vingts ans après ne

7. Zetterling, *Normandy 44*, *op. cit.*, p. 321.

8. Leleu, *La 10. SS Panzerdivision*, *op. cit.*, p. 57 ; Fürbringer, *La 9. SS Panzerdivision*, *op. cit.* [1re occ. Références ?] p. 273 ; Trang, *Leibstandarte*, *op. cit.*, [1re occ. Références ?] p. 340.

9. Foucrier, *La Stratégie de la destruction*, *op. cit.*, p. 347.

convainquent pas. L'absence du rail est loin d'être la raison exclusive du coup d'arrêt allié en septembre[10], et les sabotages n'auraient probablement jamais suffi (*cf.* chap. 24). Surtout, en mars 1944, au regard de l'enjeu que revêtait « Overlord », il aurait été criminel qu'Eisenhower ne saisisse pas toutes les opportunités pour renforcer ses chances de succès.

La seconde couche consiste en une interdiction du réseau routier. Elle se fait sous forme de patrouilles armées de chasseurs-bombardiers qui attaquent à basse altitude les colonnes ennemies. C'est une mission dévoreuse de moyens, très dépendante de la météo et extrêmement dangereuse car l'appareil s'offre aux coups de la Flak. De plus, les avions sont des chasseurs transformés assez peu performants dans ce rôle. Les bombes sont larguées à l'aveugle lors d'une passe et les roquettes sont très imprécises. Toucher un char tient de la chance[11]. Les dégâts causés par les « Jabos » ont été largement surestimés. Le 6 juin, la 12e division SS ne perd que 83 hommes sur les routes, et les coupes sombres au sein de la *Panzer Lehr* ont été exagérées après-guerre[12]. Pendant la contre-offensive de Mortain, seuls neuf chars

---

10. Aubin, *La Course au Rhin…*, *op. cit.*, p. 462-485.

11. Un test sur un char allemand capturé et à l'arrêt donnera trois coups au but sur 64 tirs et ce, sans avoir à affronter la DCA.

12. Perrigault, *La Panzer-Lehr-Division*, *op. cit.*, p. 158. La division perd finalement moins de 5 % de ses véhicules.

sont détruits par les « Jabos » (10 % des revendications des pilotes). Lors de la retraite de Falaise, on ne retrouve sur le terrain qu'une quarantaine de panzers incendiés par l'aviation (10 % des revendications) et environ 1 500 véhicules. RAF et USAAF y ont détruit 3 % du parc de camions ennemi contre 6 % à porter au crédit de l'artillerie[13]. Finalement, les « Jabos » sont responsables de la destruction d'une centaine des 1 750 chars perdus en Normandie ; un total modeste au regard des pertes : 829 avions à la 2nd TAF et 897 à la 9th Air Force.

Au prix de mille précautions, en se dispersant, en profitant de la couverture nuageuse anormalement fréquente en juin/juillet, en roulant de nuit, les unités motorisées se glissent entre les mailles du filet allié. Tous les témoignages soulignent la chance qu'ils ont eu d'échapper aux « Jabos »..., mais quand on les rassemble, force est de conclure qu'il s'agit d'une norme et non d'une exception[14]. L'historien suédois Niklas Zetterling note que

13. N° 2 Operational Research Section, Report n° 15 : « Enemy casualties in vehicles and equipment during the retreat from Normandy to the Seine », Ian Gooderson, « Allied fighter-bombers versus German Armour in North-West Europe 1944-1945 : Myths and realities », *Journal of Strategic Studies*, 1991 et Zetterling, *Normandy 1944*, *op. cit.*, p. 41.

14. Le scénario se répète par les 2e et 9e divisions de panzers, pour la division SS « Das Reich », pour les deux du 2e corps SS. Lire Deprun, *La 2. Panzerdivision...*, *op. cit.*, p. 233-243, Leleu, *La 10. SS Panzerdivision*, *op. cit.*, p. 57,

« le problème majeur dans le déplacement de la division [la 2e SS partie de Montauban] n'a pas été la puissance aérienne ou la Résistance. Les éléments qui ont fait mouvement par la route ont rejoint le front rapidement, certains en moins de quarante-huit heures. [...] Le plus gros problème résidait dans le manque de véhicules et de pièces détachées. [...] Il a fallu attendre la fin juin pour que les derniers éléments puissent quitter leur cantonnement ». Ce constat s'applique à toutes les divisions qui n'étaient pas pleinement opérationnelles le 6 juin. L'efficacité des chasseurs-bombardiers est avant tout indirecte, en usant les nerfs et en obligeant à des précautions chronophages. Jamais une armée n'avait été handicapée à ce point dans ses mouvements. « À moins d'avoir vécu ces attaques, il est impossible de comprendre ce que cela signifie, explique un soldat, vous êtes étendu, impuissant, dans le fossé bordant une route, dans le sillon qui traverse un champ ou sous une haie, pressé contre le sol, le visage dans la poussière ; et ils foncent vers vous en rugissant... L'oiseau passe, mais il revient : deux fois, trois fois. Ils ne s'en vont pas tant qu'ils n'ont pas tout rasé, tant qu'ils ne vous ont pas totalement réduit à l'impuissance. Comme un homme devant un peloton d'exécution. Même si vous survivez, ce n'est qu'un sursis. Dix attaques de ce genre à

Fürbringer, *La 9. SS Panzerdivision, op. cit.*, p. 273 ; Zetterling, *Normandy 44, op. cit.*, p. 321.

la suite sont un véritable avant-goût de l'enfer[15]. » Le 10 juin, Rommel se jette plusieurs fois dans le fossé lors d'un seul voyage. Les renforts arrivent en ordre dispersé – étalés sur huit jours pour la 2e division de panzers, neuf pour la 1re SS –, ruinant la moindre action d'ensemble. L'étroitesse du front – moins de 150 kilomètres – autorise quand même quelques mouvements de rocade de nuit. La 1re SS, extraite du secteur de Caen, contre-attaque à Mortain deux jours plus tard avant de rejoindre le secteur d'Argentan en trente-six heures malgré des embouteillages[16].

L'action de l'aviation a été encore plus déterminante dans la paralysie de la logistique allemande (*cf.* chap. 17). Les camions, extrêmement sensibles aux balles des mitrailleuses, sont contraints de ne circuler que de nuit, ce qui est lent et multiplie les accidents réduisant de 20 % un parc déjà étriqué. Un simple aller-retour entre Paris et la Normandie prend jusqu'à cinq jours. Les bombardiers moyens détruisent plusieurs dépôts malgré les efforts faits pour les cacher dans des forêts[17]. Comme un anaconda, l'aviation alliée étouffe son ennemi lentement mais inexorablement.

---

15. Cité par Quellien, *La Bataille de Normandie*, Paris, Tallandier, 2014, p. 45.

16. Trang, *Leibstandarte*, *op. cit.*, p. 362 et 366.

17. Ralph Bennett, *Ultra in the West. The Normandy Campaign of 1944-1945*, New York, Charles Scribner's Son's, 1979, p. 87.

Le bilan de la troisième couche d'interdiction voulue par Montgomery s'avère, pour sa part, désespérant. Le Britannique a cru qu'en rasant des villes normandes, il allait obstruer les axes routiers. Le Jour J, 162 quadrimoteurs frappent Caen, d'autres bombardent Saint-Lô, Lisieux, Avranches, Falaise et 21 autres cités : 7 500 civils meurent[18] (ce qui fait un ratio terrible d'un Normand tué par les Alliés pour deux soldats allemands durant les trois premiers jours de la Libération) et le patrimoine normand est ravagé, le tout pour un impact militaire quasi nul. Il existe trop de contournements. Seuls quelques éléments de la 21e Panzer ont été retardés. Difficile cette fois de ne pas en tenir rigueur à « Monty », tant il avait été averti de l'inutilité d'une telle opération.

Oui, l'impact de l'aviation a été idéalisé, ses moyens et sa doctrine demeuraient inaboutis, mais le constater n'empêche cependant pas de conclure à son rôle déterminant.

18. Bourque, *Au-delà des plages…*, *op. cit.*

21

Les « tapis de bombes » ont-ils été efficaces ?

L'autre image forte associée à l'aviation alliée est celle de ces vagues de bombardiers quadrimoteurs laissant derrière elles un paysage désolé. Impressionnants, inédits, ces « tapis de bombes » largués au-dessus des lignes allemandes ont été immédiatement questionnés pour leur efficacité discutable.

Assister les troupes au sol fait partie des missions des forces aériennes tactiques. Cela passe par des bombardements en arrière immédiat du front contre les QG, les dépôts, les batteries d'artillerie, les concentrations de troupes. Leur allonge complète alors l'action de l'artillerie. Il n'est pas rare d'utiliser aussi les bombardiers moyens ou des chasseurs-bombardiers pour frapper des positions retranchées en prélude à un assaut. Leurs capacités destructrices sont alors très appréciées, même si la précision est faible. Ils sont omniprésents au-dessus de Cherbourg, et il arrive de voir une hauteur dans le bocage être la cible d'une centaine de bombardiers B-26. Ces raids sont planifiés avec des briefings sur photos la veille et, par mesure de sécurité, il est ordonné aux soldats de se replier de 1 000 mètres avant une frappe, au risque de voir les Allemands en profiter pour reprendre du terrain, un crève-cœur en pleine bataille des haies où la progression quotidienne se compte en mètres. On exige aussi des soldats qu'ils s'identifient aux pilotes à l'aide de fumigènes, ce que ne manque pas de repérer l'ennemi. Comme, de surcroît, le mauvais temps annule la moitié des missions en juin et en juillet, on comprend que des GI jugent l'aviation contre-productive[1]. Les chasseurs-bombardiers sont également supposés se tenir prêts à des interventions à la demande en pleine bataille ; une mission que le manuel de l'USAAF de 1943 juge « complexe », « dangereuse » et « peu efficace ». Les pilotes n'y ont pas été entraînés, et aucune procédure n'a été testée. Résultats : les délais sont longs, il n'existe aucun moyen de communication avec les troupes au sol, le pilote peine à identifier la cible et les bavures sont nombreuses. L'USAAF est alors à des années-lumière des standards de la Luftwaffe et de la RAF.

Les Britanniques débarquent mieux dotés avec le réseau de communication « Tentacle ». Ce dernier permet de faire converger les demandes d'appui

1. Doubler, *Closing with the Enemy…*, *op. cit.*, p. 66.

dans une salle en arrière du front qui les hiérarchise avant d'engager des patrouilles de quatre appareils qui cerclent de près la ligne de front. Mais il demeure lent – au moins une heure – et ne permet pas aux observateurs avancés qui sont au côté des troupes au sol d'échanger en direct avec le pilote, ce qui en limite l'efficacité. Lors de l'opération « Goodwood » le 18 juillet, aucun chasseur-bombardier ne vient en aide aux chars pris sous le feu des pièces embusquées sur la crête de Bourguébus, hypothéquant toute chance de victoire[2].

Au sommet, il manque surtout une structure de commandement intégré. Parce que cette guerre aérienne nouvelle se construit au jour le jour, les strates de commandement s'amoncellent et, quatre-vingts ans plus tard, il reste difficile de décrypter le dédale entre les différents états-majors et les centres opérationnels[3]. Les télécommunications ne sont pas non plus encore optimales. Le réseau, submergé par le volume de messages, s'est effondré le Jour J, coupant toute communication entre les centres de contrôle et les équipes d'observateurs au sol[4]. Après la météo maussade, on trouve une seconde explication à l'absence

2. Georges Bernages et Philippe Wirton, *Goodwood*, Saint-Martin-des-Entrées, Heimdal, 2006, p. 118-127.

3. Thomas A. Hugues, « Normandy : A Modern Air Campaign ? », *Air & Space Power Journal*, vol. 17, n° 4, 2003, p. 20.

4. Alexander Hughes, *Overlord : General Pete Quesada and the Triumph of Tactical Air Power in World War II*, Free Press, 1995.

presque totale de chasseurs-bombardiers au-dessus des plages.

Cependant, tandis que les Britanniques ne s'améliorent pas, le général Pete Quesada, commandant du 9e Tactical Air Command en soutien de la 1re armée américaine, innove. Il a l'idée aussi simple que géniale d'identifier les cibles, plutôt que les troupes amies. Il suffit pour cela que l'artillerie marque les positions à traiter. Il propose aussi de combiner les raids avec des frappes d'artillerie pour ne pas laisser l'ennemi se ressaisir entre la fin du bombardement aérien et le moment où l'infanterie parvient au contact. Comme les pilotes font eux-mêmes des progrès, en juillet, le repli préventif est ramené à 300 mètres. Mieux, à la veille de « Cobra », des chars sont transformés en véhicules d'observation équipés de radios VHS, avec à bord des pilotes expérimentés qui guident les chasseurs-bombardiers au plus près et en temps réel. Pour faciliter l'exploitation, Quesada promet aussi d'avoir en avant de chaque colonne blindée des P-47 Thunderbolt pour repérer et traiter les éventuelles menaces[5]. En soixante jours, les progrès sont considérables. Sans eux, jamais les Américains n'auraient pu exploiter aussi vite et aussi bien qu'ils l'ont fait. Il s'agit là d'une autre explication aux succès américains au regard des désillusions britanniques et canadiennes.

---

5. Doubler, *Closing with the Enemy…*, *op. cit.*, p. 69-70.

Reste ce qui a été l'innovation la plus spectaculaire et la plus controversée de la bataille de Normandie, les « tapis de bombes ». Quelques semaines avant le Jour J, Eisenhower a sollicité des « barons » du bombardement stratégique l'aide de leurs flottes de quadrimoteurs pour affaiblir le mur de l'Atlantique. Les débats sont vifs, les « barons » s'étranglent à l'idée d'être réduits à une vulgaire « artillerie volante ». Ils plaident le manque de précision des frappes à haute altitude. Cet argument inquiète assez Eisenhower pour exiger des mesures de sécurité supplémentaires, afin d'éviter que des bombes ne tombent sur ses barges de débarquement, mais pas assez pour renoncer aux frappes. À minuit, le 6 juin, un premier raid britannique de 1 300 bombardiers cible 10 batteries, sans aucun résultat. Un second de 1 254 B-17 et B-24 américains, quelques minutes avant l'assaut et à la verticale des plages, n'est pas plus efficace. Aucun bunker n'est détruit, 13 000 bombes sont gâchées et 600 civils sont tués[6]. Et pour cause, les consignes de sécurité ont contraint à retarder l'ouverture des soutes et les bombes sont tombées à l'intérieur des terres. Terrible fiasco qui avait été annoncé par tous les experts. Alors pourquoi s'être obstiné ? Parce que le haut commandement a refusé d'abandonner la moindre chance d'affaiblir un peu plus l'ennemi. Au pire, l'effet devait galvaniser la troupe et harasser les Allemands.

6. Bourque, *Au-delà des plages...*, *op. cit.*, p. 269-277.

Pourtant, Montgomery a encore envie de croire en eux. Contraint de trouver des solutions pour marteler l'ennemi sans trop exposer sa troupe, il imagine un millier d'appareils se relayant par vagues pendant plusieurs dizaines de minutes afin de labourer de dizaines de milliers de bombes un périmètre de 5 à 7 kilomètres de long sur 2 de profondeur ; le défenseur serait ainsi atomisé et le front déchiré à bon compte. Au grand désespoir des « barons », Eisenhower le satisfait à six reprises. Parmi les « tapis » les plus spectaculaires, retenons celui du 7 juillet 1944 quand 467 « lourds » larguent 2 300 tonnes de bombes sur les faubourgs de Caen (opération « Charnwood ») ; le 18, 1 512 appareils retournent la plaine de 7 800 tonnes de bombes (« Goodwood ») ; le 25 juillet, 1 600 B-17 et B-24 font pleuvoir 3 300 tonnes de bombes au sud de Saint-Lô en ouverture de « Cobra » tandis que le 8 août l'opération « Totalize » inclut deux bombardements géants pour accompagner l'avance des Canadiens et des Polonais : le premier de nuit implique 642 quadrimoteurs du *Bomber Command* (3 456 tonnes de bombes), le second, 678 « forteresses » américaines (1 500 tonnes)[7]. « Certains hommes sont devenus fous, témoigne un officier allemand victime de celui du 25 juillet, d'autres sont restés prostrés incapables de faire quoi que ce soit. [...] L'infanterie bien abritée a été écrasée

7. À titre de comparaison, un obus de 25 livres standard emporte moins de 10 kg d'explosif.

dans ses trous par les bombes, tuée et enterrée par les explosions. [...] Les chars et les canons ont été détruits et retournés sans qu'il soit possible de les récupérer, car toutes les routes et chemins étaient bloqués. Dès le début du bombardement, toutes les liaisons téléphoniques ont été coupées[8]. » Pourtant, cette apocalypse n'est pas le *game changer* espéré. Les premiers raids déçoivent. Le 29 juin, un bataillon de chars Panther et un de semi-chenillés de la 9e SS sont surpris par 100 Lancaster, des quadrimoteurs anglais. Pourtant, le soir, seuls 20 % des véhicules et 20 hommes manquent à l'appel[9]. Le 7 juillet, on ne retrouve que cinq cadavres allemands sous les décombres[10]. Les tranchées offrent une réelle protection physique contre l'effet de souffle et les chars détruits sont assez rares[11].

L'effet d'un « tapis de bombes » est avant tout psychologique : il tétanise. Il faut donc avancer vite avant que les Allemands n'aient repris leurs esprits. Or, parce qu'il s'est lui-même mis à distance de sécurité, parce que des avant-postes – trop proches des lignes amies – n'ont pas été ciblés,

---

8. Cité *in* Rondeau, *Invasion 44...*, *op. cit.*, p. 310.
9. Zetterling, *Normandy 44*, *op. cit.*, p. 44.
10. Ian Gooderson, *Air Power at the Battlefront. Allied Close Air Support in Europe, 1943-1945*, Londres, Frank Cass, 1998, p. 135.
11. Le 25, les pertes de la *Panzer Lehr*, soi-disant anéantie, se bornent en fait à la destruction de quatre chars. Zetterling, *Normandy 1944*, *op. cit.*, p. 44, et Gooderson, *Air Power...*, *op. cit.*, p. 135.

parce que les cratères freinent l'avance ou parce qu'il tergiverse, l'attaquant laisse le plus souvent passer sa chance. Le 7 juillet, l'infanterie attaque six heures après le raid. Le 18, les Britanniques, qui ont affiné leurs procédures, pensent tenir le bon bout, percent comme dans du beurre, mais se cassent les dents sur la seconde ligne de résistance qui a échappé au déluge d'acier. Arrive le raid du 25 juillet qui se déchaîne à la verticale de la *Panzer Lehr* : 60 000 bombes, 5 000 par km^2. Les grenadiers sont meurtris, il y aurait déjà 600 pertes (15 % des effectifs présents sous le tapis). Ils sont sonnés, isolés, les communications coupées. Trois postes de commandement de bataillon sont rasés. Dès le dernier appareil parti, l'artillerie américaine prend le relais. Personne n'a dû survivre à un tel traitement, pense-t-on côté américain. Pourtant, la première vague de GI constate avec aigreur que « l'ennemi reprend son affaire avec la même détermination et les mêmes ingrédients, chars enterrés et infanterie ». Le soir, la progression ne dépasse pas les 1 500 mètres, mais cette fois, les Allemands n'ont plus rien pour colmater et, le lendemain, la percée est faite, irréversible ! Pour impressionnant qu'ait été ce tapis, les experts estiment aujourd'hui que la percée aurait été obtenue à moindre coût en se contentant de l'aviation tactique. La victoire s'explique d'abord par l'usure terrible du défenseur après six semaines de bataille, par l'absence de réserves et par les innovations tactiques américaines.

Cependant, à cette date, le débat au sein des états-majors porte moins sur l'efficacité du bombardement que sur son coût en vies amies. Chaque raid apporte son lot de victimes collatérales. Celui du 25 juillet tue 111 Américains et en blesse 190. On comptabilise 339 tués et 1 245 blessés lors des six raids en Normandie[12]. Le général Bradley prétend qu'Eisenhower aurait alors juré d'y renoncer[13]. En fait, et malgré les objections des « barons », « Ike » y aura recours encore ponctuellement jusqu'à la fin de la guerre.

12. Gooderson, *Air Power…*, *op. cit.*, p. 149.
13. Omar N. Bradley et Clay Blair, *A General's Life*, Sidgwick & Jackson Ltd., 1983, p. 280.

22

Montgomery a-t-il manqué de peu un nouveau « Stalingrad » ?

« Stalingrad en Normandie » est le titre – bien mal porté – d'un ouvrage à succès du journaliste Eddy Florentin détaillant les opérations qui ont conduit à la fermeture de la poche de Falaise entre le 12 et le 20 août 1944 et à la mise hors de combat de 80 000 Allemands[1]. La formule est, en fait, trompeuse. Outre-Manche et outre-Atlantique, cette bataille est perçue comme une occasion manquée. Le gros de l'armée allemande s'est échappé.

Tout avait pourtant bien commencé trois semaines plus tôt. Le 25 juillet, les Américains percent au sud de Saint-Lô. Ils font 20 000 prisonniers et détruisent près de 200 chars en cinq jours. La résistance s'effondre. Alors que le général Bradley n'imaginait pas progresser de plus de 15 kilomètres, il s'ouvre un boulevard pour s'extraire du bocage. Montgomery

1. Eddy Florentin, *Stalingrad en Normandie*, Paris, Presses de la Cité, 1976.

l'enjoint d'exécuter sa directive du 21 juillet : filer sur Avranches, puis progresser sur deux axes, un corps vers l'ouest et la Bretagne, le reste vers l'est et une ligne Alençon-Le Mans. Montgomery demeure fidèle à son plan directeur : repousser les Allemands de la zone entre Loire et Seine. Le 30 juillet, une DB s'empare d'Avranches. L'état-major de la 3e armée du général Patton entre en scène pour conduire les opérations au sud d'Avranches… Du pain béni pour ce cavalier hors pair, qui accélère. Rennes, Nantes, Angers, Laval sont libérées. Les maigres forces ennemies se retranchent dans les forteresses bretonnes (Saint-Malo, Brest, Lorient et Saint-Nazaire).

Montgomery prend alors conscience qu'il devient possible non pas de repousser l'ennemi, mais de le tailler en pièces. « La stratégie d'ensemble de nos armées alliées est d'envelopper notre flanc droit autour de Paris et de repousser l'ennemi contre la Seine à l'endroit du fleuve où tous les ponts ont été déjà détruits » afin de les y broyer[2]. Montgomery est persuadé que les Allemands en déroute ne pourront pas franchir un fleuve si large sous les traits de l'aviation. Patton doit prendre Le Mans avant de marcher en direction de la Seine pour fermer toute échappatoire vers Paris. Dans le même temps, « tout du long du front, il est essentiel que l'ennemi soit attaqué avec la plus grande vigueur possible et avec toutes les ressources possibles. Il doit être blessé et meurtri,

2. TNA, WO 229/72, M516, 04/08/44.

agressé et attaqué, tout le temps et partout[3] ». Il ordonne à Dempsey « d'abandonner toute prudence, de prendre tous les risques et d'accepter toutes les pertes[4] ». Dans la nuit du 7 au 8, l'armée canadienne marche sur Falaise (« Totalize »). Le même jour, Patton libère Le Mans et prend à revers les deux armées allemandes en Normandie.

La contre-offensive ratée de Mortain le 7 août offre une nouvelle opportunité aux Alliés. En se rassemblant à cet endroit, les Allemands se sont jetés dans la gueule du loup. Le matin du 8, Bradley propose d'en refermer la mâchoire, avec une partie supérieure descendant de Caen qui serait l'armée canadienne et la partie inférieure remontant du Mans l'armée de Patton. En quelques minutes, « Monty » est contacté et converti. Rendez-vous à Sées, une petite ville située à une cinquantaine de kilomètres de chaque armée. La manœuvre a alors tout son sens. Durant la nuit, le 2e corps canadien a déchiré la ligne principale de résistance tandis que, du côté de Patton, les reconnaissances ne signalent aucun ennemi. Pour les plus optimistes, l'affaire peut être réglée en moins de soixante-douze heures, et la moisson s'annonce exceptionnelle : pas moins de deux armées et 21 divisions, dont 10 blindées. Peut-être 250 000 hommes.

---

3. TNA, WO 229/72, M515, 27/07/44.
4. Signal M69, Montgomery Papers, cité *in* Hamilton, *Monty…*, *op. cit.*, p. 754.

En trente-six heures, Patton met en branle les quatre divisions du 15e corps du général Haislip. Il taille en pièces une division d'infanterie et une blindée ennemies qui montaient en ligne[5]. Le 12, en cent heures, les GI circulent déjà dans Sées… Mais les Canadiens ne sont pas là. La jonction ne se fera qu'une semaine plus tard. Entre-temps, 155 000 Allemands se seront échappés. Seulement 70 000 hommes se sont rendus et peut-être 10 000 ont été tués[6]. Le paysage apocalyptique de quelques kilomètres carrés surnommés le « couloir de la mort » au lendemain de la bataille, largement médiatisé, masque une victoire inachevée. Il n'y a pas eu de « Stalingrad en Normandie ». Dix jours plus tard, une seconde tentative d'encerclement alliée est un échec complet. Les 180 000 Allemands réussissent à franchir la Seine entre Vernon et l'estuaire du Havre.

Pour les Américains, l'explication se résume à « Montgomery[7] ». Le Britannique a conduit la manœuvre, il est vrai, de mauvaise grâce. Après-guerre, il confiera que l'encerclement de Falaise lui avait été extorqué et qu'il n'aurait jamais dû avoir lieu. Dès le 8, « Monty » juge que ce court encerclement risque d'emmêler ses armées dans un sac de nœuds qu'il mettra une semaine à défaire. La

5. Blumenson, *La Libération, op. cit.*, p. 699.

6. Aubin, *La Course au Rhin…, op. cit.*, p. 104-108.

7. William Weidner, « The Falaise Gap : Ike vs. Monty and a Failure of Command », *World War two Quarterly*, Printemps 2012, p. 66-80.

2e armée britannique sera bloquée par la 1re armée canadienne. Et si la Wehrmacht arrive à s'échapper, elle aura alors le temps de rebâtir un front derrière la Seine. Il écrit à Brooke que « si les Allemands nous échappent ici, je reviendrai rapidement au plan de ma directive précédente[8] ». Mais pour pouvoir revenir immédiatement au plan initial et éviter l'effet sac de nœuds, il faut terminer la manœuvre avec la 1re armée canadienne et la 2e armée britannique côte à côte orientées en direction de la Seine prêtes à marcher dans la foulée et de concert vers ce fleuve. Il faut pour cela modifier la manœuvre d'encerclement. S'il confirme aux Canadiens situés sur son aile gauche de pousser jusqu'à Falaise, il leur demande ensuite de s'arrêter pour laisser le segment devant eux entre Falaise et Sées à l'armée de Dempsey qui aura avancé sur leur droite en biseau. Au lieu de fermer le tube de dentifrice, « Monty » appuie sur un des côtés. Dempsey attaque le 11 (opération « Grouse »)[9]. L'opération est un tel fiasco qu'elle est immédiatement jetée aux oubliettes de l'Histoire. Pendant ce temps, l'armée canadienne s'est enlisée en trois jours presque toute seule après une progression de 13 kilomètres, victime de sa doctrine : progression en échelon sur un front trop étroit, lourdeur du commandement, défaillance des

8. Câble de Montgomery à Brooke, 8 août 1944, cité par Blumenson, *La Bataille des généraux*, *op. cit.*, p. 180, et confirmé dans sa directive du 11 août.

9. Dick, *From Victory to Stalemate...*, *op. cit.*, p. 167.

cadres, absence de souplesse du plan, engagement de deux DB inexpérimentées[10]. De plus en plus sceptique, Montgomery confie à Bradley le 13 qu'« il est difficile de dire combien d'ennemis se trouvent à l'intérieur du périmètre et combien en sont déjà sortis. Une bonne partie peut bien s'être échappée. Je pense que le mouvement de votre 20e corps devrait aller vers le nord-est, sur Dreux. Également tout ce que vous pouvez faire bouger autour du Mans devrait aller au nord-est. Nous voulons distancer les Allemands et les empêcher de s'échapper[11] ». Montgomery lui ordonne ici de revenir au plan initial d'encerclement sur la Seine. Plus un mot n'est dit du court encerclement. Montgomery n'ordonne pas au 15e corps de marcher à la rencontre des Canadiens. Bradley interprète ce discours comme un aveu de renoncement. L'Américain allège donc la mâchoire sud. Or le Britannique conserve en fait les deux fers au feu. Le lendemain, la 1re armée canadienne repart à l'attaque de Falaise. Montgomery a triplement échoué durant cette semaine : une première fois en élaborant une manœuvre excessivement complexe en biseau, une deuxième fois en manquant de clarté, une dernière fois en perdant le contrôle de ses subordonnés, les Américains bien sûr, mais même Dempsey qui se montre réticent au moment d'exécuter « Grouse ».

10. Reid, *No Holding Back…*, *op. cit.*

11. Cité par Blumenson, *La Bataille des généraux*, *op. cit.*, p. 201.

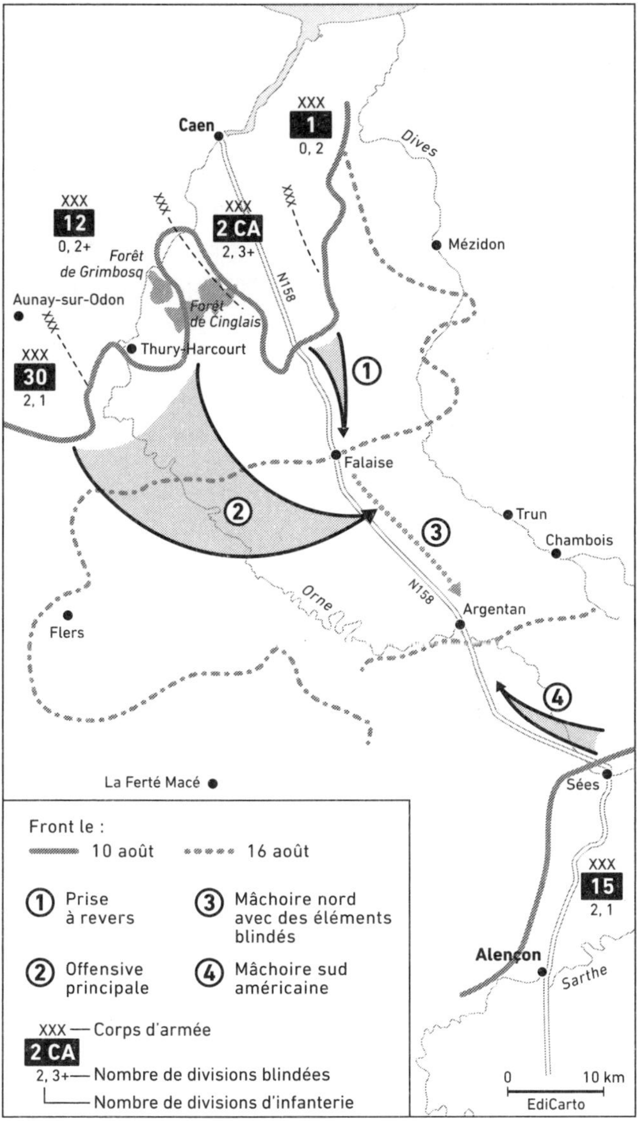

La directive M518

Souligner la responsabilité du Britannique n'exonère cependant pas les Américains. Bradley a laissé passer une belle occasion de fermer la poche le 12 août. En effet, quand le 15e corps atteint Sées, Patton prend l'initiative de poursuivre plus au nord pour tendre la main aux Canadiens. Il atteint déjà Argentan quand Bradley l'arrête. Son supérieur peine alors à se justifier. Il avance des arguties comme l'obligation de respecter les frontières interarmées, la peur de tirs fratricides ou encore la présence de bombes à explosion retardée qui rendrait la progression dangereuse[12]. Plus convaincante est la crainte d'un contre. Bradley, averti du redéploiement de quatre divisions de panzers dans le secteur (mais, en réalité, l'équivalent d'une seule à plein effectif), panique à l'idée de voir le 15e corps emporté par un tsunami. Il préfère, dira-t-il ensuite, « prendre pied solidement à Argentan, plutôt que de me rompre le cou à Falaise[13] ». Patton le rassure, les trois divisions du

---

12. Bradley, *Histoire d'un soldat*, *op. cit.*, p. 358, et Blumenson, *La Libération*, *op. cit.*, p. 707. Il est révélateur que Patton ait été alors persuadé que l'ordre venait de plus haut, c'est-à-dire de « Monty » (Blumenson, *The Patton's Papers*, *op. cit.*, p. 508).

13. Bradley, *Histoire d'un soldat*, *op. cit.*, p. 359. Au terme d'une analyse serrée, John Prados se dit persuadé que le rapport « Ultra » a été décisif dans le choix de Bradley. John Prados, *Normandy Crucible*, New American Library, 2011, p. 215-217.

20e corps viennent prêter main-forte à Haislip, mais rien n'y fait.

Vexé d'avoir été arrêté à Argentan, Patton se réconforte en regardant... en direction de l'Allemagne. Le cavalier rêve d'une chevauchée triomphale qui ferait tomber le IIIe Reich, pourtant sans espoir au regard de ses effectifs et de sa situation logistique. Il arrache le 14 à son supérieur de pouvoir filer pour commencer sur Chartres (20e corps) et Orléans (12e corps). « Ce serait un très grand succès, si Dieu nous aide et que Monty n'y fourre pas son nez. [...] Tous les corps seront en mouvement à 20 h 30, si bien que si Monty cherche à interférer, il sera trop tard », écrit Patton dans son journal[14]. En conséquence, les Américains ne disposent plus du 20e corps pour prendre Dreux comme le demande Montgomery. Ils puisent alors dans le 15e. Ce dernier se retrouve privé de son état-major, de deux divisions et de 70 % de son artillerie. Ces décisions prises sans en informer Montgomery ont des conséquences gravissimes. Non seulement à Argentan les troupes n'ont plus la puissance pour fermer la poche de Falaise, mais celles envoyées à Dreux sont également trop peu nombreuses pour réussir un grand encerclement. En envoyant deux corps plein est dans le vide, les Américains sauvent ce qui reste de l'armée allemande à l'Ouest. Et ce qui devait arriver arrive. Le 16, Montgomery ordonne à Bradley de marcher à

14. Blumenson, *The Patton's Papers*, *op. cit.*, p. 509-510.

la rencontre des Canadiens et le général américain s'en révèle incapable. Le temps de rameuter une division et un état-major, une journée a été perdue. Si Bradley avait suivi Patton le 13, la poche aurait été fermée le 14 ou le 15 et non le 19. Quel gâchis !

Ce gâchis n'a d'égal que celui des jours suivants. Les Alliés manquent leur grand encerclement. Tous les généraux ivres de victoires ont les yeux rivés sur la frontière allemande et s'imaginent finir la guerre. Pour tous, l'ennemi est déjà vaincu. Montgomery estime que « toutes les forces allemandes qui franchiront la Seine seront incapables de combattre durant les mois à venir[15] ». Chacun s'interroge aussi sur la passation de pouvoir entre Eisenhower et Montgomery, le général américain devant récupérer la direction des opérations terrestres une fois la Seine atteinte. Son homologue britannique élabore, de son côté, un plan de poursuite dans l'espoir de rester aux commandes. Le flou est total. Il n'y a plus de pilote dans l'avion. Résultat : au lieu de traquer l'ennemi, Britanniques et Canadiens se positionnent pour emprunter des axes qui les mènent aux meilleurs sites de franchissement de la Seine, prennent le temps de doter l'infanterie de camions amphibies, font monter en première ligne les ponts démontables du génie. Pendant ce temps, les Américains – arrivés sur

---

15. Câble de Montgomery à Brooke, 18 août 1944 *in* Blumenson, *La Bataille des généraux*, *op. cit.*, p. 242.

la Seine dès le 18 à Mantes – filent vers l'est. Il faut tordre le bras à Bradley pour qu'il concède à divertir quelques divisions pour descendre la Seine et ainsi priver les Allemands de leurs points de passage. Mais, autant par manque de punch que parce qu'il doit faire face à une résistance désespérée, il lui faut une semaine pour couvrir les 60 kilomètres qui le mènent jusqu'à Elbeuf. Pressé de récupérer ses hommes, il abandonne ensuite le travail avant qu'il ne soit fini. Dès le 23, une partie de ses troupes opèrent un demi-tour. Finalement, quand le 31 août la bataille de la Basse-Seine s'achève à Rouen, tous les Allemands se sont échappés.

Ce récit met en évidence l'absence de vision chez Patton et Bradley. Bien qu'ils aient connaissance de la stratégie du SHAEF pour abattre l'Allemagne (marcher sur la Ruhr et la Sarre pour la priver de ses régions industrielles majeures), les deux Américains improvisent chaque jour de nouveaux plans au fil des opportunités. Le 8 août, Bradley veut encercler l'armée allemande ; le 14, il se laisse persuader de marcher vers l'est ; le 20, quand la 3e armée borde la Seine à Mantes, Patton s'enthousiasme à l'idée de pousser plein nord cette fois vers Beauvais pour un nouvel encerclement ; idée abandonnée dès le lendemain au profit d'un raid plein est… Il n'y a pas une once de fil conducteur.

Au-delà de la défaillance des individus, cet échec marque surtout le délitement de la chaîne de commandement alliée. La synergie entre les états-majors s'est transformée en compétition. Chacun a mené sa guerre comme il l'entendait. Le 14 août, Patton se flatte de sa poussée vers l'est : « C'est réellement un plan magistral, entièrement de moi, et j'ai amené Bradley à croire qu'il l'avait imaginé[16]. » Il a manqué une main ferme qui ne pouvait être que celle d'Eisenhower pour siffler la fin de la récréation.

Il serait, bien sûr, exagéré de réduire cet épisode aux seuls conflits interalliés. Les Allemands conduisirent fort bien leur exfiltration. Bien que Hitler se fût obstiné jusqu'au soir du 16 août avant d'autoriser la retraite, chaque général entama de sa propre initiative l'évacuation bien avant. La 17e SS ne laissa que des détachements symboliques dès le 8. La 12e SS évacua 80 % de son personnel le 12[17]. Quand, le 11, Kluge vendit à Hitler le redéploiement de quatre DB pour aller balayer le 15e corps à Argentan, il s'agissait surtout de les replier. Au total, près de 50 000 hommes ne risquaient déjà plus l'encerclement au soir du 12 août. Du 13 au 18, 55 000, soit 40 % des effectifs menacés, s'échappèrent à leur tour. Enfin, mus par le désespoir, 50 000 autres se glissèrent encore entre les mailles d'un filet trop lâche entre le 19 et le 21[18].

---

16. Blumenson, *The Patton's Papers*, *op. cit.*, p. 510.
17. Bernages et Meyer, *12. SS…*, *op. cit.*, p. 374.
18. Aubin, *La Course au Rhin…*, *op. cit.*, p. 104-107.

La retraite se poursuivit ensuite vers la Seine avec méthode. Model, qui venait de remplacer au pied levé Kluge, joua avec maestria de son savoir-faire, agrégeant des lambeaux d'unités pour en faire des nids de résistance. Le franchissement de la Seine, sous un ciel miraculeusement plombé jusqu'au 24 août[19], est exemplaire de cette débrouillardise, même si le spectacle paraissait crépusculaire avec ces embouteillages monstres, ces hommes perdus, ces échanges de tirs fratricides entre unités en quête d'un pont ou d'un bac[20]. Mais, dans le même temps, des officiers rassemblaient, orientaient, créaient des itinéraires sur les quais à l'aide de chariots abandonnés pour canaliser les flux et permettre aux attelages hippomobiles de rejoindre les barges légères et aux véhicules d'arriver au pied des barges lourdes[21]. Une fois la Seine franchie, des points de recueil avaient été ouverts pour les fuyards, pour les nourrir, leur verser leur solde et les ventiler dans des unités *ad hoc*.

Même si la Wehrmacht n'a pas été en mesure de stopper les Alliés avant les Pays-Bas, la

19. Durant cette période, les sorties quotidiennes stagnent à 430 à comparer aux 11 000 faites par les Alliés le 6 juin 1944 et aux 1 500 à 3 000 au-dessus de la poche de Falaise. Thierry Chion, *Seine de guerre*, YSEC, 2010, p. 24.

20. Témoignage du *Generalleutnant* Mahlmann, *353. ID*, recueilli en 1946 par l'US Army, cité par Eddy Florentin, *La Rückmarsch*, Paris, Presses de la Cité, 1991, p. 679.

21. Frédéric Deprun, « La Wehrmacht sur la Seine », *Normandie 1944*, n° 12, 2014, p. 81-82.

frontière allemande et la Lorraine, les cadres sauvés de Normandie allaient y servir d'ossature. La deuxième quinzaine d'août restera pour les Alliés le bal des occasions manquées, qui prolongea la guerre.

23

Les décryptages d'« Ultra » ont-ils pesé sur la bataille ?

« Ultra » désigne l'ensemble des renseignements obtenus par les Alliés en décryptant les transmissions ennemies par radio et téléscripteurs. Ce surnom a été donné en référence à l'importance des renseignements collectés et à celle de garder ces sources secrètes : « Ultra Secret ». Ce programme est également connu sous le nom d'« Enigma », du nom de la machine à crypter allemande, supposée indéchiffrable, et pourtant déchiffrée.

À en écouter les acteurs, « "Ultra" aurait abrégé la guerre de pas moins de deux ans et probablement de quatre[1] ». Churchill lui-même aurait concédé à George VI que « ce fut grâce à "Ultra" que nous avons gagné la guerre ». Mais tout cela resta longtemps inconnu du public. Les premières

1. Harry Hinsley, *The Influence of ULTRA in the Second World War*, 1993, www.cdpa.co.uk/UoP/HoC/Lectures/HoC_08e.PDF.

indiscrétions ne seront commises qu'au milieu des années 1970 quand le cryptage de type « Enigma » sera supplanté par des codages informatiques et qu'il ne sera donc plus utile d'en garder le secret. Mais il faut encore attendre 2000 pour que les archives soient ouvertes[2]. Ces fuites tardives, ce mystère et les fantasmes associés à l'espionnage ont conduit « Ultra » à entrer de plain-pied dans la légende britannique. Son histoire est aujourd'hui bien connue. Des travaux fondateurs polonais dès le début des années 1930, suivis de la participation française et de l'aboutissement en 1940 par les équipes britanniques installées à Bletchley Park, un complexe de préfabriqués implanté dans un immense domaine en périphérie de Londres, contraste *so british* entre le cadre bucolique et la mission stratégique.

Fascinante, centrale, l'ouverture des archives n'a pourtant pas conduit à une relecture des opérations en Normandie. Faut-il en déduire qu'« Ultra » n'y aurait pas joué un rôle notable ?

Difficile à croire quand, en juin 1944, ce sont plus de 90 000 messages qui sont déchiffrés parfois en moins de quatre heures. Le défi n'est plus de décoder, mais de traiter ce flux d'informations. Bletchley Park est organisé en unités, les « huttes », chacune dédiée qui à la Luftwaffe, qui

2. Frederic Winterbotham, *The Ultra secret*, Londres, Weidenfeld & Nicolson, 1974, et Hugh Sebag-Montefiore, *Enigma, the battle for the code*, Phoenix, 2011.

à la Kriegsmarine, qui à divers services de la *Heer*, chacune avec un personnel aguerri aux routines de l'ennemi. Un tri est fait pour que seules les informations utiles soient transmises aux gouvernements et aux états-majors alliés. Ces messages qualifiés d'« Ultra » sont transmis par radio sur le terrain par des *Special Liaison Units* dépendantes du MI6, le service d'espionnage. La procédure standard est de présenter la synthèse au destinataire qui doit être au moins un chef d'armée (Dempsey, Bradley, Montgomery et Eisenhower) ou son responsable « renseignement » (le G-2), de rester avec lui tant qu'il l'étudie, puis de la reprendre et de la détruire. Personne n'a, bien sûr, le droit d'évoquer en public l'origine de ces informations. Tous doivent garder en tête que leurs réactions ne doivent jamais mettre la puce à l'oreille de l'ennemi. Si on a le temps, une mission de reconnaissance aérienne est diligentée pour créer un canal d'information alternatif crédible.

En préambule du Jour J, Bletchley Park a largement contribué à la neutralisation de l'aviation allemande. Profitant de la désinvolture des opérateurs radio de la Luftwaffe, les Britanniques savent tout de l'aviation nazie, décryptant même quotidiennement leurs ordres de mission. La RAF et l'USAAF sont ainsi averties du projet de renforcement de la *Luftflotte III* au lendemain du Débarquement. Ils s'y sont préparés et n'ont qu'attendre que Bletchley Park leur livre le soir ou le matin la liste des aérodromes où vont se poser leurs adversaires et les horaires. L'hécatombe est inévitable. Régulièrement, Leigh-Mallory reçoit les ordres d'opérations aériennes ennemies à temps pour les intercepter[3]. Les Allemands n'y voient que du feu, persuadés que la densité des défenses aériennes alliées explique leurs échecs répétés. Les marines reçoivent aussi les coordonnées des secteurs minés durant la nuit. Dans le même registre, les Alliés disposent régulièrement de la localisation de la DCA ennemie, car les unités de Flak dépendent de la Luftwaffe. « Ultra » est un démultiplicateur de force qui permet d'optimiser la supériorité aérienne alliée et éviter des pièges.

Concernant la bataille terrestre, « Ultra » a pour mission, avant le Jour J, d'établir l'inventaire et les intentions de l'ennemi. La tâche est moins facile qu'elle n'en a l'air, car les garnisons communiquent préférentiellement par téléphone et non par radio. Vingt-quatre des 59 divisions présentes à l'Ouest sont pourtant identifiées, dont 16 des 28 se trouvant entre Amsterdam et Brest[4]. À la verticale du Débarquement, toutes les divisions sont localisées même si « Ultra » place la 352e DI et la 21e Panzer plus en retrait des plages qu'en réalité. Le bilan est encore plus remarquable quand on se penche sur les divisions parachutistes et les divisions blindées non seulement toutes identifiées, mais presque aussi correctement localisées avec

3. Bennett, *Ultra...*, *op. cit.*, p. 66.
4. *Ibid.*, p. 43. D'autres le sont à l'aide de la résistance.

listes des effectifs et des équipements. Quant aux intentions, « Ultra » confirme qu'il faut s'attendre à une contre-offensive rapide, sans savoir pour autant si les garnisons des autres secteurs seraient libérées au non. Même si le « brouillard de la guerre » n'a pas disparu, il s'est considérablement dissipé.

Une fois la bataille engagée, « Ultra » est toujours utile d'abord pour disposer d'une photographie du dispositif et des intentions adverses. Les états-majors sont parfois alertés de la mise en mouvement des renforts et de leur zone de regroupement, obtiennent un ordre de bataille partiel, captent des échanges sur la situation de telle ou telle unité. Ils récupèrent des inventaires de pertes (100 000 au 16 juillet, 145 000 au 6 août)[5], des indications de la pauvreté des remplacements, sur l'état des stocks et, plus rarement, leur localisation. Ces renseignements permettent d'identifier les réserves, les points forts et les points faibles de la défense. Ils confirment les Alliés dans leur stratégie d'usure[6].

La conduite de la bataille en est facilitée. Ainsi, la connaissance du dispositif allemand encourage le 7e corps américain à couper la péninsule du Cotentin le 18 juin alors qu'au départ une marche directe sur Cherbourg était envisagée. Les 10 et 14 juillet, « Ultra » fournit à « Monty » un inventaire

5. *Ibid.*, p. 125-126.
6. *Ibid.*, p. 67.

détaillé du dispositif allemand dans le futur secteur d'attaque de « Goodwood », localisant en particulier toutes les positions de Flak[7]. Début août, Montgomery, assuré que la 1re division de Panzer SS quittait le secteur britannique, demande à un de ses chefs de corps d'être plus ambitieux dans sa marche vers Falaise.

« Ultra » évite aussi les mauvaises surprises. Le 13 juin, Bletchley Park avertit Bradley d'une attaque en direction de Carentan. Fin juin, Dempsey engage l'opération « Epsom » en suivant à la trace la montée en ligne du 2e corps de panzers SS. Même si le signal est perdu quarante-huit heures avant que ce dernier n'attaque, le Britannique n'est pas surpris de le voir surgir sur le flanc de son 8e corps enlisé sur la cote 112, le 29 juin.

Les renseignements d'« Ultra » ont parfois un intérêt tactique immédiat. Un message du *Groupe blindé Ouest* est intercepté le 10 juin. Son émission est localisée au domaine de La Caine. Un raid de 40 Typhoon et 61 Mitchell est vite monté, et le soir, le général Leo Geyr von Schweppenburg est blessé, l'état-major a cessé d'exister. Les Allemands perdent l'équipe qui depuis des mois s'entraîne à repousser le débarquement. Pour autant, il ne faut pas en exagérer la portée tant la contre-offensive avait, pour le moins, mal commencé (ch. 16). Tout aussi utiles sont les raids sur des dépôts localisés grâce à « Ultra ». Dans le même registre, fin

7. Prados, *Normandy Crucible, op. cit.*, p. 101.

juin, par deux fois, une centaine de quadrimoteurs pilonnent des concentrations ennemies – dans le bois des Forges et à Noyers-Bocage – pour partie grâce aux interceptions faites par Bletchley Park. Et dans la nuit du 30 juin au 1er juillet, les huttes n° 3 et 6 décodent en moins de quatre heures un ordre d'attaque des SS du 2e corps de panzers pour le lendemain. Les grenadiers allemands seront accueillis par une symphonie mortelle de centaines de pièces d'artillerie. Voilà les 9e et 10e divisions de panzers SS malmenées à peine arrivées[8].

L'impact d'« Ultra » s'accroît à partir de la percée américaine fin juillet. Bradley reçoit un rapport complet détaillant la composition du corps d'armée qu'il est en train d'enfoncer[9], suivi quasi quotidiennement de rapports détaillant sa décomposition. Grâce à ces renseignements, lui habituellement si prudent, Patton se lance dans le trou de souris d'Avranches en direction de Rennes et de Nantes. Il sait que les Allemands sont privés de munitions et que les troupes en Bretagne – largement dépouillées au profit du front – se replient dans leurs forteresses côtières[10]. Il est fort improbable que Bradley eût pris autant de risques sans ces renseignements. « Ultra » est l'élément qui fait basculer la défaite allemande en désastre. Curieusement,

8. Bennett, *Ultra*, *op. cit.*, p. 82.

9. Prados, *Normandy Crucible*, *op. cit.*, p. 132.

10. *Ibid.*, p. 129 et 162 ; Bradford J. Schwedo, *XIX Tactical Air Command and ULTRA*, Air University Press, 2001, p. 34.

son apport le plus connu est très exagéré. Non, « Ultra » n'a pas mis en échec la contre-offensive allemande de Mortain le 7 août. Bletchley Park manque tous les messages préparatoires entre le 2 et le 6 août... Ce n'est que dans la nuit du 6 au 7, douze heures avant l'attaque, qu'il transmet à Bradley une première interception détaillant les effectifs, l'heure et les objectifs. Trop tard pour réagir... Sans gravité, car Bradley avait déjà pris toutes ses dispositions[11].

La prise du Mans le 8 prive les Allemands de leur principal nœud téléphonique, les voilà contraints de s'en remettre aux seules télécommunications ; du pain béni pour « Ultra[12] », qui tourne à plein régime, ne ratant aucune information importante. Les Alliés lisent alors objectivement par-dessus l'épaule des généraux allemands... avec des conséquences insoupçonnées. Le 9, tout un échange entre Hitler et le commandant des forces allemandes à l'ouest, Kluge, prouve que les Allemands s'obstinent à Mortain. L'occasion est trop belle de les enfermer dans une nasse[13]. « Ultra » vient de livrer des informations qui transforment la victoire en un potentiel triomphe. Mais le 12, un autre message détaille la retraite allemande vers la Seine. Bradley prend peur. Il juge téméraire de vouloir fermer la poche avec les seuls moyens

11. Bennett, *Ultra, op. cit.*, p. 115.
12. Prados, *Normandy Crucible, op. cit.*, p. 193.
13. Bennett, *Ultra, op. cit.*, p. 118-119.

à la disposition de Patton. Si ce dernier avance encore, il risque d'être emporté par la vague de la retraite allemande. Mieux vaut rester en position défensive[14]. L'occasion est perdue d'enfermer la 7e armée. Si le renseignement aide la décision, il ne remplace pas le coup d'œil, l'instinct du commandant.

On le voit, « Ultra » a facilité les opérations alliées, avant tout en dissipant le brouillard de la guerre, facilitant donc la prise de décision et l'optimisation de l'emploi des forces. Loin d'être déloyal, « Ultra » est une preuve de l'intelligence des démocraties en guerre contre le nazisme. Tandis que le régime hitlérien est incapable de penser la guerre totale, figé dans sa pensée étriquée des pures opérations militaires, avec des généraux aussi amateurs en logistique que méprisants à l'égard de l'espionnage et du contre-espionnage, les Anglo-Américains pensent plus large. Et bandent tous les muscles de leurs sociétés pour vaincre.

14. Prados, *Normandy Crucible*, *op. cit.*, p. 215-216.

24

L'action de la Résistance a-t-elle été décisive ?

« La situation était si mauvaise pour les Alliés, les premiers jours, que l'arrivée d'une division blindée de plus [la 2e Panzer SS] aurait probablement rejeté sur les plages le front allié encore si ténu et fait basculer l'ensemble de Neptune. [...] La quinzaine de retard [...] a joué sans doute un rôle décisif dans la consolidation de la tête de pont en Normandie[1]. » Ce rapport de l'état-major des opérations spéciales publié en 1945 conjugué aux milliers de témoignages enflammés de résistants ont nourri notre imaginaire d'une France qui se serait soulevée comme un seul homme en réponse à l'appel des « sanglots longs des violons de l'automne ». En 1975, l'historien britannique Anthony Cave Brown estime à « 4 000 hommes tués, blessés

1. Major C. K. Benda, SFHQ, « French Resistance (6.6.44-31.7.44) », 2nd Part, 24 mars 1945, TNA, WO 219/2349.

ou disparus de la “Das Reich” au cours de la marche et des dizaines de sombres *Sturmgeschütz* et Panther renversés dans les fossés, brisés, brûlés, étripés[2] ». Quand son livre est publié, le pays sort tout juste d’une décennie d’idéalisation de la Résistance, les résistants se sont faits historiens, les témoignages valent parole d’Évangile et l’ancien dirigeant communiste et chef des Francs-tireurs et partisans pendant la guerre, Charles Tillon, affirme sans être contesté que « sans les retards considérables imposés par les partisans, les Alliés auraient peut-être été rejetés à la mer[3] ». Curieusement, si ce mythe d’une France unanimement résistante a été battu en brèche depuis cinquante ans, l’évaluation de sa participation au succès du Jour J n’a été étudiée scientifiquement que récemment et reste inachevée[4].

Cet apport peut être décliné en quatre volets : le renseignement, les sabotages, la guérilla pour freiner les troupes allemandes et la création de sanctuaires insurrectionnels pour faire diversion.

---

2. Anthony Cave Brown, *La Guerre secrète*, vol. 2, Paris, Pygmalion, 1975, p. 302.

3. Charles Tillon, *Les FTP*, Paris, Juliard, 1962, p. 599.

4. Sébastien Albertelli, *Les Services secrets du général de Gaulle. Le BCRA, 1940-1944*, Paris, Perrin, 2009 ; Fabrice Grenard, *Les Maquisards*, Paris, Vendémiaire, 2019 ; Sébastien Albertelli, Julien Blanc, Laurent Dauzou, *La Lutte clandestine en France : une histoire de la Résistance 1940-1944*, Paris, Seuil, 2022.

Pour préparer le Débarquement, les Alliés décodent les messages radio allemands (« Ultra »), multiplient les reconnaissances aériennes, les petits raids amphibies (notamment pour connaître les obstacles sur les plages), parachutent des espions appartenant à leurs services secrets – *Intelligence Service* (IS) britannique et *Office of Strategic Service* (OSS) américain. En 1940, les Britanniques ont également mis sur pied le *Special Operations Executive* (SOE ou « Section des opérations spéciales ») qui soutient les divers mouvements de résistance d'Europe pour nourrir et orienter leur activité en faveur de leurs plans. Le SOE en profite pour collecter des informations. De son côté, de Gaulle dispose d'un service équivalent confié à André Dewavrin (*alias* colonel Passy), le « Bureau central de renseignement et d'action » (BCRA). Le SOE lui fournit l'infrastructure et la logistique indispensables à ses opérations. De tous ces canaux, « le BCRA a fourni aux armées britanniques et américaines, par le biais de l'OSS et de canaux britanniques, 80 % des renseignements sur lesquels le débarquement en Normandie fut basé », estime le chef des services secrets américains, le général William Donovan[5]. 80 % ! Estimation colossale, largement reprise mais rarement questionnée. Or la citation remise dans son contexte montre que Donovan

5. Sébastien Albertelli, *Les Services secrets…*, *op. cit.*, p. 159.

ne compare que les renseignements humains, excluant « Ultra » (dont il ignore l'existence) et les reconnaissances. Voilà de quoi revoir sérieusement à la baisse l'estimation initiale. Établir une telle statistique est d'ailleurs insuffisant, volume n'étant pas synonyme de qualité. La Résistance française a ainsi inondé Londres en rapports (quatre fois plus que l'IS), mais les résistants, rarement experts de l'armée allemande et du fait militaire, ont multiplié les erreurs. Celles-ci apparaissent surtout dans l'établissement de l'ordre de bataille ennemi – erreurs corrigées cependant grâce aux interceptions radio[6]. Les renseignements sur le mur de l'Atlantique étaient en revanche de meilleure qualité, ne serait-ce que parce qu'il était aisé de se faire embaucher sur les chantiers. Ainsi le réseau Zéro-France se consacra-t-il presque exclusivement à l'espionnage de celui-ci jusqu'à son démantèlement, au printemps 1944. Le réseau de la Confrérie Notre-Dame et le réseau Centurie amassèrent également une documentation précieuse, volant en particulier des plans en Basse-Normandie. Que la Résistance ait participé avec zèle et courage à la collecte des renseignements préparatoires à « Overlord » est une certitude, mais pas dans les proportions couramment rapportées.

Le commandement n'a jamais considéré les sabotages autrement que comme « un bonus » ou

6. Bennett, *Ultra in the West*, *op. cit.*, p. 43.

une « aubaine[7] ». Armer, entraîner, coordonner la Résistance semble un projet bien trop aléatoire. Surtout, les Français ne leur inspirent pas confiance. En 1943, « l'armée des ombres » est davantage l'ombre d'une armée, et ni Churchill ni Roosevelt n'imaginent renforcer de Gaulle et armer les communistes. Par conséquent, le SOE ne livre que très chichement la Résistance. Pour autant, Eisenhower, craignant de voir les Allemands trop vite converger en Normandie, se refuse à hypothéquer totalement la carte des sabotages. En janvier 1944, il pousse Churchill à « procéder à l'armement des patriotes français[8] ». Un effort est fait en ce sens. Dans les semaines suivantes, le nombre de déraillements augmente. Les Allemands en recensent près de 500 durant les cinq mois qui précèdent le Jour J, auxquels s'ajoute le sabotage de 50 grues de relevage[9]. Mais l'effort est trop tardif et trop modeste. Si le système logistique allemand se décompose, c'est avant tout à cause des bombardements alliés et de son usure faute d'entretien.

De surcroît, les Alliés ont tardé à rationaliser leurs organigrammes. Le 24 mai, le général français Pierre Koenig, déjà commandant des FFI, prend

7. General Morgan, 15 juillet 1943, cité *in* Wieviorka, *Histoire du débarquement en Normandie*, *op. cit.*, p. 357.

8. Olivier Wieviorka, *Histoire de la Résistance*, Paris, Perrin, 2013, p. 359.

9. Sébastien Albertelli, *Histoire du sabotage. De la CGT à la Libération*, Paris, Perrin, 2016, p. 319.

la tête d'un état-major tri-national ayant autorité sur toutes les forces spéciales alliées (BCRA, SOE, OSS) et subordonné directement à l'état-major d'Eisenhower. C'est un immense progrès, mais seulement douze jours avant le Jour J ! Il demeure des points de friction, en particulier l'attitude des communistes, qui refusent toute soumission opérationnelle à Eisenhower. Mais surtout, il est trop tard pour concevoir un plan d'ensemble et armer en conséquence les résistants. Le SOE a son plan, le BCRA en a un autre. Ce dernier a été mis au point en aveugle, puisque les Français n'ont ni la date ni le lieu du débarquement, et se décline : plan « vert » de sabotage du rail, « rouge » contre les dépôts, « violet » contre les télécommunications, « bleu » contre le réseau électrique, « tortue » contre le transport routier, etc. Plans qui prévoient des actions échelonnées dans l'espace et le temps. Mais le 3 juin, le SHAEF « juge indispensable de faire donner l'effort maximal en France dans la nuit précédant le jour J afin d'assurer les meilleures chances à “Neptune”[10] ». Cette confusion au sommet provoque stupeur et incompréhension, et conduit à des improvisations et à des hésitations. Le plan se réduit dès lors à « faire pour le mieux avec les moyens à disposition[11] ».

10. Michael R. D. Foot, *Des Anglais dans la Résistance. Le SOE en France 1940-1944*, Paris, Tallandier, 2020, p. 520.

11. François Marcot, La *Résistance dans le Jura*, Besançon, Cêtre, 1985, p. 154.

Malgré cela, les sabotages sont considérés comme un franc succès. Devant une grande carte, Eisenhower en décompte 950 pour le seul mois de juin (quatre fois plus qu'en mai) sur les 1 050 espérés. Difficile cependant d'en mesurer l'impact. Après-guerre, un rapport interne évalue à 1 750 le nombre de locomotives sabotées, à 270 les ponts détruits et à 4 440 les coupures de lignes entre le 6 juin et le 30 septembre[12], avant de porter au crédit des saboteurs la chute de 50 % du trafic ferroviaire entre le 19 mai et le 11 juin. Mais sur quoi reposent ces estimations ? Les résistants n'ont jamais le loisir de mesurer l'efficacité de leurs coups et ont naturellement tendance à les exagérer, ne serait-ce que pour se donner du courage ou justifier la livraison d'armes supplémentaires. Le SOE sait que sa survie après-guerre dépend de la réussite de ses actions. C'est ainsi qu'il fait grand cas du réseau Farmer qui aurait paralysé la circulation en région lilloise pendant tout le mois de juin[13]. Les rapports sont dès lors biaisés. L'historien Sébastien Albertelli constate que « la lecture des rapports des forces de l'ordre ou des agents de la SNCF […] provoque des révisions drastiques [des estimations alliées] et tourne parfois au jeu de massacre ». Seuls 15 %

12. Albertelli, *Histoire du sabotage*, *op. cit.*, p. 390.

13. En réalité, si le réseau a eu un effet notable sur le trafic (en faisant notamment sauter un entrepôt de locomotives), il s'en est fallu de beaucoup qu'il paralyse la circulation.

des sabotages s'accompagnent de dégâts sérieux en Île-de-France[14]. Hormis la vallée du Rhône, les sabotages se concentrent sur des lignes secondaires de la moitié sud du pays qui ne sont pas les plus stratégiques. On ne retrouve pas non plus de traces de sabotages dans les journaux de marche des unités montées au front. Il faut balayer l'image hollywoodienne de wagons chargés de panzers basculant dans le vide d'un viaduc effondré. Le 13 juin, Rundstedt signale « que les sabotages ont augmenté, certes, mais tout de même pas dans les proportions auxquelles on s'attendait ». Le 20, il rapporte même que l'agitation décroît : « Aucun désordre sérieux ne s'est produit dans l'ancienne zone occupée[15]. » Il ne faut pas pour autant conclure à un échec. Les mêmes rapports ne cessent de se plaindre qu'il n'y a pas de trains par manque de matériel roulant ou à la suite de retards. Que les convois s'arrêtent à l'est de Paris et à Angers, qu'il faut continuer ensuite par la route avec pour conséquence de nombreuses casses mécaniques. Qu'un temps précieux est partout perdu. Il faudrait rouvrir les archives allemandes et les confronter aux documents alliés pour distinguer la part qui revient à l'aviation ou à la

14. Albertelli, *Histoire du sabotage*, *op. cit.*, p. 374 et 376.
15. Kriegstagebuch OKW, IV/1 13.06.1944 & IV/1 20.06.44, p. 315 et 318, cité par Joachim Ludewig, *Rückzug. The German Retreat from France, 1944*, Lexington, University Press of Kentucky, 2012, p. 29.

Résistance. En l'état, on se contentera de conclure que les sabotages ont été le « bonus » espéré dans une efficace stratégie d'encagement du champ de bataille.

Le succès du plan « violet » est moins évident. Un tiers seulement des sabotages des lignes téléphoniques ont été effectifs[16]. Pour autant, le Jour J, on observe des décalages d'une à deux heures entre la transmission d'un ordre et sa réception, qui peuvent être attribués à des problèmes de communication. La 21e Panzer et la *Panzer Lehr* en ont ainsi été victimes. Ce n'est pas rien, mais ce n'est pas décisif. Par la suite, la répétition des attaques contraint le haut commandement à privilégier les communications radio… sans savoir qu'ainsi il alimente « Ultra » en renseignements.

Le plan « Tortue » a pour sa part échoué, par manque d'armes (peu de fusils-mitrailleurs, quasiment pas de mines et de lance-roquettes antichars, aucun mortier) et de savoir-faire. Les embuscades frappent des véhicules isolés ou des patrouilles et, parmi les colonnes en route vers la Normandie, seule la 9e division de panzers SS rapporte avoir perdu quelques camions par la faute de mines. « Et la tristement fameuse 2e division de panzers SS "*Das Reich*" !, dira-t-on, n'a-t-elle pas été éreintée par les maquisards ? » En juin 1944, la division n'est que partiellement opérationnelle. C'est pour cette raison qu'elle est choisie, en cas

16. Albertelli, *Histoire du sabotage*, *op. cit.*, p. 352.

de débarquement, pour conduire des missions contre-insurrectionnelles et qu'elle est casernée à Montauban, loin de la Manche, mais aux portes d'une région jugée instable. Le haut commandement allemand n'entend pas laisser se créer « une République » au cœur du Massif central. De surcroît, son commandant, Heinz Lammerding, a acquis une sanguinaire expérience en ce domaine en URSS. Quand les FTP libèrent Tulle, le 7 juin, il reçoit un blanc-seing pour « procéder avec une extrême dureté et sans indulgence [...] afin que le foyer de trouble permanent dans ce territoire soit définitivement éteint[17] ». Un groupement se met en branle et, deux jours plus tard, 99 civils sont pendus et 101 ne survivront pas à leur déportation. Ce ne doit être que le début de l'opération de « pacification », mais, le soir même, le transfert des éléments opérationnels de la division vers la Normandie est ordonné. Lammerding improvise alors une action terroriste spectaculaire pour subjuguer la population et la dissuader de soutenir la Résistance : ce sera Oradour-sur-Glane et ses 643 victimes[18]. Le 11, les SS embarquent pour le front, qu'ils rejoignent sans tomber dans des embuscades. Si on peut écrire que la Résistance les a retardés de deux jours (et non quinze), c'est en extrapolant

17. Directive de l'OKW du 8 août 1944, cité *in* Jean-Luc Leleu, *Les Waffen SS. Soldats politiques en guerre*, Paris, Perrin, 2007, p. 792.
18. *Ibid.*, p. 790-795.

qu'en l'absence de climat insurrectionnel, le transfert aurait été ordonné dès le 7 juin et non le 9.

Quant aux tentatives plus ou moins spontanées de créer des maquis mobilisateurs pour rallier les volontaires et en faire des sanctuaires insurrectionnels, toutes se terminent par des échecs. Le maquis du mont Mouchet en Auvergne, qui rassemble 2 500 hommes, est balayé le 12 juin, 10 % des maquisards meurent sans pouvoir infliger plus d'une trentaine de pertes à leur assaillant. Celui de Saint-Marcel, en Bretagne, est nettoyé par des auxiliaires ukrainiens et géorgiens le 18 juin, malgré un appui aérien américain et la présence de soldats d'élite, membres des SAS. Enfin, les 4 000 maquisards retranchés sur le plateau du Vercors ne tiennent pas plus de quarante-huit heures une fois les Allemands décidés à les écraser le 21 juillet. Trois cent cinquante résistants et 130 civils sont tués, mais cette fois l'assaillant l'a payé d'une centaine de vies[19]. Ces trois revers contre des unités de second rang, la plupart inaptes à combattre au front[20], permettent de conclure à

---

19. Grenard, *Les Maquisards*, *op. cit.*, p. 411-418, 437-444, 469-474.

20. Au mont Mouchet, la colonne Jesser est un groupement mobile chargé de liquider les différents foyers d'insurrection. Elle compte certes plus de 2 500 hommes et 500 véhicules, dont des automitrailleuses, mais il s'agit de véhicules français et d'hommes issus de la police et du contre-espionnage, d'un régiment de sécurité, d'un bataillon de Tatars de la Volga et d'un autre d'Azerbaïdjanais. Sur les 9 000 assaillants du

la suite de Roger Leroux que « la lutte armée ne pouvait être organisée à partir d'une base permanente. La notion même de maquis mobilisateur procédait d'une méconnaissance grave des conditions dans lesquelles se trouvait la Résistance », tant en armement qu'en entraînement[21].

Dire que la participation de la Résistance n'a pas été essentielle au Débarquement ne signifie pas que la Résistance n'a rien fait. Elle l'a facilité à la hauteur de ses moyens. Cette sentence ne doit pas non plus occulter qu'en août, une fois les effectifs en FFI gonflés et l'armement renforcé, la guérilla se transforme en une insurrection[22]. Surtout, résister n'est pas qu'un acte militaire, c'est aussi un acte politique qui permet au nouveau gouvernement provisoire d'exister aux côtés des Alliés. C'est un acte expiatoire qui contrebalance l'ignominie de la Collaboration. Dernier point : les batailles de la Libération sont autant de manifestations concrètes d'héroïsme sur lesquelles reconstruire la fierté nationale.

---

plateau du Vercors, 200 sont des parachutistes aguerris, les autres sont de jeunes recrues, encore en formation au sein de la 157e division, une unité d'instruction avec des cadres en convalescence.

21. « Le combat de Saint-Marcel », *Revue d'histoire de la 2e Guerre mondiale*, n° 54, 1964, p. 26.

22. Grenard, *Les Maquisards*, *op. cit.*, p. 485-520.

25

La bataille de Normandie a-t-elle été l'une des plus meurtrières de la guerre ?

A priori la réponse négative est évidente. Tout le monde a en mémoire les terribles hécatombes sur le front de l'Est, 10 000 tués et blessés par jour durant la bataille de Stalingrad, autant à Berlin en 1945. Dans le Pacifique, il n'était pas rare que plus de 90 % des soldats d'une garnison japonaise meurent. La Normandie est heureusement bien loin de ces terribles indicateurs. Et puis la comparaison même est discutable tant il est difficile de définir et circonscrire une bataille pendant la Seconde Guerre mondiale. Qu'est-ce que la bataille de Stalingrad ? Les combats dans la ville ou l'ensemble des opérations entre Don et Volga ? Elles ont été aussi d'une grande diversité de par leurs effectifs, leur durée ou leur étendue. Certaines se sont même subdivisées, comme celle de Normandie déclinée en bataille du Cotentin, bataille des haies et bataille de Falaise[1]. La bataille est insaisissable. Qu'à cela ne tienne, derrière notre question, on cherche moins à comparer qu'à mesurer l'empreinte laissée par les combats en Normandie et à revenir sur un bilan humain débattu. Il existe des terres de sang plus imbibées à l'Est et en Asie, mais la Normandie n'en a pas moins été pour chaque participant, à son échelle, particulièrement meurtrière.

Les premières victimes d'une guerre sont les civils. Vingt mille Normands ont payé de leur vie la libération de l'Europe de l'Ouest et plus encore furent blessés. Même si nous sommes loin des chiffres abominables d'Europe de l'Est et du Pacifique (100 000 victimes civiles à Stalingrad en 1942 et à Manille en 1945, un million à Leningrad en neuf cents jours de siège), aucune autre province de France n'a autant souffert. À ce tragique bilan s'ajoutent les victimes des bombardements aériens dans les mois précédents : 16 000 morts français et 10 000 belges ainsi que plus de 30 000 blessés[2]. Les bombes alliées ont tué et blessé davantage de Français que les bombes allemandes d'Anglais pendant le Blitz. Et c'est sans compter les victimes après-guerre des

1. Vincent Bernard, « Les batailles les plus sanglantes de la Seconde Guerre mondiale. Comparaison, analyses, idées reçues », *Ligne de Front*, n° 70, 2017, p. 28.

2. Bourque, *Au-delà des plages...*, *op. cit.*, p. 208 et 229.

mines et des munitions abandonnées[3]. Trois mois de combats ont laissé derrière eux une « province assassinée ». « Que de ruines, que de misères, que de deuils aussi !, se lamente le commissaire de la République Henri Bourdeau de Fontenay. Terrible bilan d'une bataille impitoyable où chaque adversaire s'acharnant à se détruire, détruisait en même temps les plus beaux monuments, les plus nobles paysages et jusqu'aux hameaux les plus paisibles, aux fermes les plus tranquilles[4]. »

Sanglante, la bataille l'a aussi été pour nos libérateurs : 27 000 Américains ont été tués ainsi que 14 000 Britanniques, 5 000 Canadiens, 446 Polonais et une centaine de soldats français, soit un peu plus de 46 000 hommes ; 95 000 Américains, 43 000 Britanniques, 13 420 Canadiens, 1 650 Polonais et 300 Français ont été blessés. Dix mille ont été faits prisonniers, un chiffre particulièrement bas qui souligne mieux que tout discours à quel point les Allemands n'ont jamais eu l'initiative[5]. Au total, les pertes s'élèvent à 210 000 (2 400 par jour, dont 528 tués). Il faut y ajouter les 17 000 hommes perdus par les aviations alliées.

3. Beevor, *D-Day…*, *op. cit.*, p. 563.

4. Quellien, *La Bataille de Normandie*, *op. cit.*, p. 384.

5. Major L. F. Ellis, *Victory in the West* (vol. I), Londres, HMSO, 1962, p. 493 ; Stacey, *La Campagne de la victoire*, *op. cit.*, p. 285 ; Jacques Wiacek, *Histoire de la 1re DB polonaise*, Ysec, 2018, p. 211 ; Leleu, *Combattre en dictature…*, *op. cit.*, note 14, p. 623.

Dans les Ardennes, les pertes s'élèveront à 82 500 – 1 918 par jour[6]. Ces statistiques font dès lors de la Normandie le champ de bataille européen le plus sanglant pour les Alliés.

En valeur relative, le Pacifique a cependant été pire. À Tarawa, 30 % des marines ont été mis hors de combat en trois jours. Ils furent 40 % à Iwo Jima en vingt-cinq jours, contre 9 % en Normandie en quatre-vingt-sept jours. Mais ce constat masque de profondes inégalités et des réalités quotidiennes opposées selon le poste occupé par le GI en Normandie. Tandis que les pléthoriques services de l'arrière n'avaient quasiment rien à craindre, les bataillons d'infanterie perdent un tiers de leurs combattants chaque mois, une attrition trois fois supérieure à celle de la campagne d'Afrique du Nord[7]. Le 8e corps américain perd un homme par mètre gagné dans la première quinzaine de juillet. Omaha Beach pour les Américains, la cote 112 pour les Écossais, la crête de Verrières pour les Canadiens affolent le sismographe des combats. Il faut remonter, côté allié, à la Première Guerre mondiale pour rencontrer une attrition supérieure.

---

6. Charles B. MacDonald, *A Time For Trumpets : The Untold Story of the Battle of the Bulge*, Bantam Books, 1984, p. 618.

7. Jeffrey Williams, *The Long Left Flank*, Stoddart, 1988, p. 318 et 138 ; Peter R. Mansoor, *The GI Offensive in Europe*, Lawrence, University of Kansas Press, 1999, p. 251.

Et cela aurait été pire si les démocraties n'avaient cherché à remplacer le sang par de l'acier et si elles n'avaient accordé autant de soins à leurs services sanitaires. Un blessé y avait deux fois plus de chances de survivre qu'un Allemand et quatre fois plus qu'un Soviétique[8]. Les Alliés étaient également conscients que la guerre usait les hommes autant que les machines, et ils acceptaient des taux d'évacuations sanitaires pour troubles psychiatriques allant jusqu'à 15 % des évacuations totales. Les pertes ont ainsi été contenues à des niveaux très inférieurs à ceux de leur partenaire soviétique – pendant l'ultime offensive qui a vu la prise de Berlin en 1945, 21 000 Soviétiques ont été touchés chaque jour, dont 4 500 mortellement (neuf fois plus que les Alliés en Normandie).

Sanglante, la bataille l'a été davantage côté allemand et plus qu'on ne l'a longtemps imaginé. En effet, contrairement aux Alliés, il est très difficile de comptabiliser les pertes du Reich du fait de sa structure tentaculaire (*Heer*, Luftwaffe, SS, organisation Todt) et de son absence de transparence qui a conduit à maquiller des données. En septembre 1944, une note de synthèse chiffre les pertes de juin à août (Provence incluse) à 23 000 tués, 67 000 blessés et 199 000 disparus[9]. Reprises pour argent comptant, ces données

8. Lopez (dir.), *Infographie...*, *op. cit.*, p. 157.

9. BAMA, T78, R414 F6383234, « Der Heeresarzt im OKH GenSt d H/GenQu Az 1335 c/d (IIb), Personelle

alimentèrent le mythe de la supériorité allemande tant le nombre de tués et de blessés était inférieur à celui des Alliés malgré les conditions défavorables de la bataille[10]. Conscient que rien de fiable n'émergerait d'un dépouillement des archives, l'historien Jean-Luc Leleu s'est tourné vers l'Association allemande des sépultures de guerre. On lui a fourni le chiffre de 63 000 inhumés dans les 16 cimetières de l'ouest de la France entre le 6 juin et le 31 août. Soit le triple des estimations des archives, pour un total qui demeure un minimum, puisque l'on retrouve encore aujourd'hui des cadavres et que n'ont pas été comptabilisés les soldats volatilisés dans une explosion, ceux morts de blessures une fois rapatriés ou ceux, supplétifs étrangers, dont les corps ont été rendus à leurs familles après-guerre[11].

Estimer le nombre de blessés aurait dû être plus aisé, puisqu'ils ont été enregistrés par les services de santé, mais les archives ont été en grande partie perdues. Des sources indirectes démontrent pourtant que le décompte n'était pas si évident. Le chiffre de 67 000 précédemment cité n'est pas crédible. Cela signifierait qu'il y eut autant de blessés que de tués, or ce cas arrive uniquement

---

blutige Verluste des Felheeres, Berichtege Meldung für die Zeit vom 1.6.1944 bis 10.1.1945 ».. [sources ?]

10. Zetterling, *Normandy 1944*, *op. cit.*, p. 77-80. Mais soyons honnête, j'ai aussi colporté ces chiffres pendant des années… persuadé à tort que l'archive faisait foi !

11. Leleu, *Combattre en dictature…*, *op. cit.*, p. 282.

dans des contextes de débâcle. Le rapport côté allemand est davantage de 1 tué pour 2 blessés, souvent 1 pour 3[12]. Par déduction, en Normandie où le front longtemps statique facilita les évacuations sanitaires, il n'y a aucune raison que ce taux ait été inférieur. Qu'il y ait eu 130 000 blessés constitue une hypothèse minimale.

À ces tués et blessés s'ajoutent 231 000 prisonniers[13]. Le chiffre est spectaculaire, mais s'explique par la capture de près de 30 000 soldats à Cherbourg et par les moissons d'août avec, pour apogée, les 70 000 prisonniers dans la poche de Falaise. Ces pics s'ajoutent aux 1 400 captures quotidiennes. Au 19 juin, les Alliés avaient déjà évacué en Angleterre 14 789 prisonniers[14], des données qui infirment l'image d'une armée allemande fanatisée à en mourir.

Dans le détail, les pertes au fil des jours éclairent le rythme de la bataille. Le 6 juin, près de 1 300 soldats allemands ont été tués, le double de la moyenne de la bataille. Ce chiffre surprend puisque les effectifs engagés – 55 000 – étaient faibles. Mais les Allemands ont payé cher l'âpreté des combats et la détermination de beaucoup à ne rien lâcher. Comme, dans le même temps, le 6 juin est également la journée la plus sanglante

12. *Ibid.*, p. 313-321.

13. NARA, RG 331/6/25 : SHAEF/G-1/Administrative Section, Daily POW Reports.

14. TNA, WO 219/1449

côté allié, avec 3 500 tués, et qu'il ne faut plus ignorer les 2 200 victimes civiles, le Jour J n'est pas une date majeure de la Seconde Guerre mondiale uniquement par son ampleur et par ses répercussions, elle l'est aussi par sa dimension mortifère.

Suit une période de combats statiques jusqu'au 24 juillet, où les Allemands perdent quotidiennement 2 400 hommes, dont 500 tués. Ces chiffres sont similaires à ceux des Alliés, la différence étant que la Wehrmacht ne pouvait pour sa part supporter une telle attrition. De colmatage en rapiéçage du front, les unités et les stocks de munitions ont en effet fondu jusqu'à céder. Le retour à la guerre de mouvement augmenta la mortalité en août de 20 % avec des pics à plus de 1 000 morts les 7 et 8 du fait de la contre-offensive de Mortain et des combats autour de Vire et au sud de Caen. La journée la plus létale s'avéra être le 20 août, avec 1 200 Allemands tués en tentant de s'exfiltrer de la nasse de Falaise. Eisenhower, en arpentant ce « couloir de la mort », ressentit une nausée. Ce fut « l'un des plus grands champs de tuerie qu'un secteur de la guerre eût jamais connus. On pouvait avancer sur des centaines de mètres sans interruption, en ne marchant, littéralement, que sur des chairs mortes et pourrissantes[15] ».

L'étude de Jean-Luc Leleu contribue à réévaluer le poids de la Normandie dans le désastre subi

15. Blumenson, *La Libération, op. cit.*, p. 776-778, et Eisenhower, *Croisade en Europe, op. cit.*, p. 329.

par le Reich au cours de l'été 1944. Ce sont plus de 420 000 Allemands (peut-être 450 000) qui y ont été mis hors de combat, autant que lors de l'opération « Bagration ». Un chiffre finalement proche des déclarations triomphales de « Monty » si souvent moqué avec son demi-million de pertes, et bien supérieur aux 240 000 à 320 000 jusque-là estimées. Que deux soldats sur trois n'en soient pas sortis indemnes et qu'un sur dix y ait été tué prouve à quel point la Normandie a été un tombeau de la *Westheer*[16]. Model ne disposait plus le 1er septembre que de 120 000 combattants opérationnels pour s'opposer à la déferlante alliée.

À l'échelle de la guerre, son attrition est dans la fourchette de celles connues comme étant les pires défaites du IIIe Reich (bataille d'Allemagne exclue, tant cette dernière est hors catégorie avec 1 540 000 morts en cinq mois, 13 600 par jour).

16. Seuls les cinq mois de l'année 1945 seront à l'Ouest encore plus meurtriers avec près de 280 000 décès. Daniel Feldmann et Cédric Mas, *La Campagne du Rhin*, Paris, Economica, 2016, p. 319.

Comparaison de quatre défaites majeures du IIIe Reich

Bataille	Date	Nombre de jours	Effectifs engagés	Pertes estimées	Pertes journalières	Pertes au regard des effectifs
Stalingrad au sens large (incluant les alliés du Reich)	23/08/1942-02/021943	162	1 050 000	Entre 747 300 et 868 400	5 000	71 à 82 %
Normandie	06/06/1944-31/08/1944	87	670 000	424 000	4 873	63 %
« Bagration »	22/06/1944-19/08/1944	58	849 000	400 000	6 896	47 %
Koursk	05/07/1943-23/08/1943	49	780 000	203 000	4 142	26 %

Pour autant, il ne faut pas basculer d'un excès à l'autre. Si « Overlord » est comparable à « Bagration » en pertes totales (prisonniers inclus), l'opération soviétique a été davantage mortifère et était imbriquée dans une combinaison d'offensives hallucinantes qui a coûté la vie au total à 590 000 soldats allemands[17], dix fois plus que la bataille de Normandie. Cette comptabilité pour macabre qu'elle soit nous semblait nécessaire à la mesure de la place de la Normandie dans le désastre subi par l'Allemagne en 1944.

17. Overmans, *Deustche Militärische Verluste*..., *op. cit.*, p. 238 et 278.

Orientation bibliographique

Dans cette opulente littérature, toute bibliographie condamne à des choix. Radical, nous n'avons retenu qu'une trentaine d'ouvrages du plus général au plus pointu. On y trouve des coups de cœur qui – même vieillis – demeurent un plaisir de lecture et des incontournables.

Stephen Ambrose, *D-Day, June 6, 1944 – The Climatic Battle of World War Two*, New York, Simon & Schuster, 1994.

Rick Atkinson, *The Guns at Last Lights. The War in Western Europe*, New York, Henry Holt, 2013.

Joseph Balkoski, *Beyond the Beachhead. The 29th Infantry Division in Normandy*, Mechanigsburg, Stackpole, 1989 [trad. *La 29e division américaine en Normandie*, Paris, Histoire & Collections, 2013].

Martin Blumenson, *Breakout and Pursuit*, Washington, CMH, 1961 [trad. *La Libération*, Athis-Val de Rouvre, Charles Corlet, 1993].

— , *Battle of the Generals*, New York, William Morrow & Co., 1993 [trad. *La Bataille des généraux*, Athis-Val de Rouvre, Charles Corlet, 1995].

John Buckley (dir.), *The Normandy Campaign, Sixty Years on*, Londres, Routledge, 2006.

— , *British Armour in the Normandy Campaign*, Londres, Frank Cass, 2004.

Peter Caddick-Adams, *Sand and Steel. The D-Day Invasion and the Liberation of France*, Oxford, Oxford University Press, 2019.

Terry Copp, *Fields of Fire : The Canadians in Normandy*, Toronto, University of Toronto Press, 2003.

Rémy Desquesnes, *1940-1944. L'histoire secrète du mur de l'Atlantique : de l'organisation Todt au débarquement en Normandie*, Rouen, Éditions des Falaises, 2003.

Charles J. Dick, *From Victory to Stalemate. The Western Front, Summer 1944*, Lawrence, Kansas University Press, 2016.

Michael D. Doubler, *Closing with the Enemy : How GI's Fought the War in Europe, 1944-1945*, Lawrence, Kansas University Press, 1994.

Dwight D. Eisenhower, *Crusade in Europe*, New York, Doubleday, 1948 [trad. *Croisade en Europe*, Paris, Nouveau Monde éditions, 2013].

Carlo D'Este, *Decision in Normandy. The Unwritten Story of Montgomery and the Allied Campaign*, New York, Dutton, 1983 [trad. *Histoire du débarquement en Normandie*, Paris, Perrin, 2013].

David French, *Raising Churchill's Army. The British Army and the War against Germany 1919-1945*, Oxford, Oxford University Press, 2000.

Jean-Charles Foucrier, *La Stratégie de la destruction*, Paris, Vendémiaire, 2017.

Bernard Garnier, Jean-Luc Leleu, Françoise Passera et Jean Quellien, *Les Populations civiles face au débarquement et à la bataille de Normandie*, Caen, CRHQ/Mémorial de Caen, 2005.

Ian Gooderson, *Air Power at the Battlefront : Allied Close Air Support in Europe, 1943-1945*, Londres, Frank Cass, 1998.

Russell A. Hart, *Clash of Arms : How the Allies won in Normandy*, Norman, University of Oklahoma Press, 2004.

Stephen Ashley Hart, *Colossal Cracks : Montgomery's 21st Army Group in Northwest Europe, 1944-45*, Londres, Praeger, 2000.

John Keegan, *Six Armies in Normandy*, Londres, Jonathan Cape, 1982 [trad. *Six armées en Normandie*, Paris, Albin Michel, 1984].

Jean-Luc Leleu, *La 10. SS-Panzer-Division*, Saint-Martin-des-Entrées, Heimdal, 1998.

— , *Combattre en dictature. 1944 – la Wehrmacht face au débarquement allié*, Paris, Perrin, 2022.

Charles Messenger, *The D-Day Atlas. Anatomy of the Normandy Campaign*, Londres, Thames & Hudson, 2014.

Sir Bernard L. Montgomery, *Normandy to the Baltic*, Londres, Hutchinson & Co., 1947 [trad. *De la Normandie à la Baltique*, Paris, Charles, Lavauzelle, 1948].

Jean Quellien, *La Bataille de Normandie*, Paris, Tallandier, 2014.

Mark J. Reardon, *Victory at Mortain*, Lawrence, University of Kansas Press, 2002.

Brian A. Reid, *No Holding Back : Operation Totalize, Normandy, August 1944*, Montréal, Robin Brass, 2004.

Friedrich Ruge, *Rommel face au débarquement 44*, Paris, Presses de la Cité, 1960.

Roland G. Ruppenthal, *Utah Beach to Cherbourg (6 june-27 june 1944)*, Washington, GPO, 1948 [trad. *Utah Beach à Cherbourg, 6 juin 1944-1er juillet 1944*, Foxmaster & Pozit Press, 1994].

Cornelius Ryan, *The Longest Day*, Londres, Victor Gollancz, 1960 [trad. *Le Jour le plus long*, Paris, Robert Laffont, 1960].

Olivier Wieviorka, *Histoire du débarquement en Normandie*, Paris, Seuil, 2007.

Niklas Zetterling, *Normandy 1944 : German Military Organization, Combat Power and Organizational Effectiveness*, Winnipeg, J. J. Federowisz Publishing, 2000.

Table

DÉJÀ PARUS DANS LA COLLECTION
« VÉRITÉS ET LÉGENDES »

Ayache Georges, *Kennedy*
Barraco Florent, *Michel Sardou*
Berdah Arthur, *Macron*
Bordenave Vincent, *Covid-19*
Boulant Antoine, *La Révolution française*
Brigouleix Bernard et Gayral Michèle, *L'Élysée*
Brunaux Jean-Louis, *Les Gaulois*
Dickès Christophe, *Le Vatican*
Martin Jean-Clément, *La Terreur*
Pagès Alain, *L'Affaire Dreyfus*
Pincas Éric, *La Préhistoire*
Piouffre Gérard, *Le* Titanic
Porte Rémy, *1940*
Quentin Florence, *L'Égypte ancienne*
Quétel Claude, *Hitler*
Renaud Jean, *Les Vikings*
Sartre Annie et Maurice, *Palmyre*
Solnon Jean-François, *Versailles*
— , *Louis XIV*
Tilloi-d'Ambrosi Dimitri, *La Rome antique*
Vey François, *La Tour Eiffel*

Achevé d'imprimer par
Normandie Roto Impression s.a.s.
61250 Lonrai (Orne)
N° d’impression : 2401707

Imprimé en France